Weisheit im Märchen
Herausgegeben von Theodor Seifert

Hans Dieckmann

Der blaue Vogel

Wie zwei
sich endlich finden

Kreuz Verlag

2. Auflage (8.–10. Tausend) 1989
© Kreuz Verlag AG Zürich 1986
Gestaltung: Hans Hug
Umschlagfoto: Kim Taylor
ISBN 3 268 00019 3

Inhalt

Vorwort

Dieses Märchen zeichnet den Wandlungsprozeß einer Heldin und eines Helden auf dem Wege zueinander. Hans Dieckmann, vielen Lesern sicher schon als erfahrener, zuverlässiger und immer anregender Begleiter in der Märchenwelt bekannt, war von dieser in Märchen eher seltenen Ausgangssituation besonders beeindruckt. Es geht buchstäblich um »das Ganze«, um die Verbindung des einen mit dem anderen, die Vereinigung der Gegensätze. Die verschlungenen, leidvollen und oft unübersichtlichen Wege, die zu diesem Ziele führen können, werden im Schicksal des Königs Charmant und der Königstochter Florine sichtbar und vor allem nachvollziehbar. Meisterhaft weiß der Autor persönliches Erleben und äußeres Schicksal, psychische Entwicklungsgesetze und Kulturgeschichte, gesellschaftliche Probleme und tief religiöse Fragen, insbesondere nach dem Umgang mit dem Bösen, miteinander zu verknüpfen. Dabei bereichert er seine Leser mit interessanten Tatsachen und vermittelt Zugänge zu Lebensbereichen, die wir vielleicht schon ahnen, aber noch nicht zu leben wagen. Die Gestalt und den Weg eines »lunaren Helden« erkennt er im jungen König wieder und sieht Zusammenhänge zur Entfaltung des weiblichen Prinzips in der europäischen Geschichte und

7

insbesondere im Manne unserer Zeit. Der lunare Held hat den Mut zur Verweigerung, verzichtet auf Kampf und Tötung und fordert von sich die Disziplin des Ertragens an Stelle des Mutes zum so bekannten heldischen Kampf. Es scheint, daß sich in diesem französischen Märchen, das Ende des 17. Jahrhunderts aufgezeichnet wurde und in das auch künstlerische Elemente mit einfließen, die Veränderungen der Rolle der Frau in der Gegenwart schon leise andeuten. Damit dürfte es auch zusammenhängen, daß hier anders mit dem bösen Prinzip umgegangen wird als in den meisten Märchen der Gebrüder Grimm: Es wird nicht vernichtet, muß sich nicht in glühenden Pantoffeln zu Tode tanzen, sondern kehrt, in ein Schwein verwandelt, in den großen schöpferischen Bereich der Mutter Natur zurück.

Aber nicht nur die Symbolik des Schweins, auch die des Eis, des Vogels, der Zahl Drei und Vier, um nur einige zu nennen, helfen dem Leser beim Verständnis dieser Prozesse, wie auch die immer wieder vorgetragenen Vergleiche mit anderen Märchen und dem Mythos. Viele Kenntnisse, Anregungen und Perspektiven werden vor dem Leser ausgebreitet, die aber nie verwirren, sondern sich zu einem Ganzen fügen, wie es der Sinn dieses Märchens will.

Wenn Sie sich schon lange nicht mehr mit Märchen und Mythen beschäftigt haben, so ist es günstig, zunächst einmal nur den Text, den Sie am Anfang dieses Bandes finden, zu lesen und ihn in Ruhe auf sich wirken zu lassen. Spüren Sie dabei allem nach, was er in Ihnen anregt, und lassen Sie sich von der dem Märchen eigenen Kraft und Vision verzaubern, aber auch von Ihren eigenen inneren Reaktionen überraschen. Die wissenschaftliche Beschäftigung mit den Märchen hat gezeigt, daß diese Geschichten sehr direkte Bezüge zu menschlichem Erleben und zur Seele haben. Sie spiegeln allgemeine menschliche Situationen und Schicksale wider. Deshalb kann sich auch jeder Leser in ihnen auf die eine oder andere Weise wiederfinden. Trotz der »märchenhaften« Darstellung sind die Parallelen zu persönlichen Lebenssituationen leicht auffindbar. Deshalb sind Märchen auch Ratgeber und Vor-Bilder für verschiedene Notlagen und Schwierigkeiten; wir können uns an ihnen vertrauensvoll orientieren.

In einem Märchen fließen viele Ströme zusammen. Auch wenn in diesem Märchen »Der blaue Vogel« an einigen Stellen – und darauf weist der Autor ausdrücklich hin – die zeitbedingten Zutaten der Verfasserin deutlich werden, bleibt eine Fülle uralter Motive, die auch von anderen Märchen und Mythen bekannt sind. Den Forschungen des Schweizer Psychotherapeuten und Psychiaters C. G. Jung folgend, hat sich heute die Auffassung weitgehend durchgesetzt, daß Märchen das spiegeln, was sich in der Seele des Menschen schon seit Urzeiten abspielt. Ihre Bilder geben das Drama der menschlichen Seele, ihre Kraft und ihre Tragik wieder. Sich der Welt dieser Bilder zu überlassen heißt auch, sich der schöpferischen Kräfte der Psyche, an der jeder teilhat, erneut bewußt zu werden.

Es gibt heute eine reiche Literatur über Märchen, entscheidend bleibt aber die persönliche Begegnung mit diesen Geschichten.

Zur weiteren Beschäftigung mit dem Thema empfehlen Ihnen die Autoren dieser Reihe folgende Bücher:

von Franz, Marie-Louise: Das Weibliche im Märchen, Stuttgart 1977

Birkhäuser-Oeri, Sibylle: Die Mutter im Märchen, Stuttgart 1976

Dieckmann, Hans: Gelebte Märchen, Hildesheim 1978

Kast, Verena: Wege aus Angst und Symbiose im Märchen, Olten 1981

sowie die Bände dieser Reihe »Weisheit im Märchen«, in denen viele Autoren zu Wort kommen.

Entsprechend der Vielfalt der Märchen behandeln auch die eben genannten und viele ungenannte Bücher weitere große Lebensfragen; sie enthalten wichtige Ergänzungen, die der persönlichen Vertiefung und Bereicherung dienen. Aber folgen Sie zunächst dem Flug des blauen Vogels.

Theodor Seifert

Der blaue Vogel

Es war einmal ein König, der war sehr reich an Gut und Geld. Seine Frau aber starb, und darüber war er untröstlich. Eine ganze Woche lang schloß er sich in einer kleinen Kammer ein, wo er immerfort mit dem Kopf gegen die Wand rannte, so verzweifelt war er. Man fürchtete für sein Leben und legte Matratzen zwischen die Wandbehänge und die Mauern. Alle seine Untertanen eilten herbei, um ihm Ratschläge zu erteilen, wie er Trost finden könne. Aber nichts machte den geringsten Eindruck auf ihn; er schien gar nicht zu hören, was man sagte. Am Ende erschien eine Frau bei ihm, die war ganz und gar in schwarzen Krepp gehüllt, und so tief war sie verschleiert und so lang war die Schleppe ihres Trauergewandes und so heftig und so laut weinte und schluchzte sie, daß der König ganz betroffen war. Sie sagte, sie käme nicht, um ihn zu trösten; es wäre nur gerecht, eine gute Gattin zu beweinen; sie selbst weine um den besten aller Gatten und wolle nicht aufhören, solange sie Augen im Kopfe habe. Darauf jammerte sie nur um so lauter, und der König folgte ihrem Beispiel und begann zu schreien. Schließlich kamen sie miteinander ins Gespräch, und der König rühmte die schönen Eigenschaften seiner verstorbenen Gemahlin, und sie konnte die ihres lieben Toten gar nicht genug loben. Als die schlaue Witwe bemerkte, daß das Thema beinahe erschöpft war, lüftete sie ein wenig den Schleier, und der König in seinem Herzeleid stärkte sich beim Anblick dieser armen Trauernden, die zwei große blaue Augen unter langen schwarzen Wimpern nach allen Seiten drehte und wendete. Der König betrachtete sie aufmerksam. Immer seltener sprach er von seiner Frau und schließlich überhaupt nicht mehr. Am Ende war alle Welt höchst erstaunt, als er sie heiratete.

Der König hatte nur eine Tochter aus erster Ehe, die als das achte Wunder der Welt galt. Sie hieß Florine, weil sie so frisch, so jung und so schön war wie eine Blume. Die neue Königin hatte auch eine Tochter, die bei ihrer Patin, der Fee Sussio, erzogen worden war; aber sie war weder anmutig noch schön: sie hieß Truitonne, weil sie mit ihrem rot gesprenkelten Gesicht an eine Forelle erinnerte.[*]

Die Königin aber liebte ihre eigene Tochter ganz närrisch und war verzweifelt, weil Florine ihr so überlegen war. Jedes Mittel war ihr recht, um diese beim König schlecht zu machen.

Als Florine und Truitonne herangewachsen waren, wollte der König sie verheiraten. Die Königin wünschte, daß ihre Tochter die erste sei, und da der König keinen Streit mochte, willigte er ein, alles ihr zu überlassen.

Kurze Zeit später wurde der Besuch des Königs Charmant gemeldet; er war der galanteste und der schönste aller Fürsten, dessen Geist seinem Aussehen

[*] Truite = Forelle

und seinem Rang nicht nachstand. Kaum hatte die
Königin die Nachricht vernommen, da wurden alle
Sticker, Schneider und Handwerker zusammenge-
trommelt, um Truitonne auszustatten. Florine aber
bekam kein neues Kleid; sie mußte ihr altes Fähnchen
tragen, und so groß war ihre Scham, daß sie sich in
eine Ecke drückte, als der König Charmant eintrat.
Kaum aber hatte er Truitonne gesehen, da wandte er
sich ab und fragte, ob nicht noch eine zweite Prinzessin da sei mit Namen Florine.

»Ja«, sagte Truitonne und wies mit dem Finger
auf sie, »aber sie versteckt sich, weil sie so garstig ist.«

Florine errötete, und da wurde sie so schön, so
schön, daß der König Charmant wie geblendet
dastand. Was die Königin auch tat, um ihn von
Florine abzuwenden, es gelang ihr nicht, und der
König unterhielt sich drei ganze Stunden mit ihr.

Die Königin war verzweifelt und Truitonne
untröstlich. Sie bestimmten den Vater Florines, diese
für die Dauer des königlichen Besuches in einen Turm
einzusperren. Und so geschah es: kaum war Florine
in ihr Zimmer zurückgekehrt, als vier maskierte
Männer sie ergriffen und auf den Turm schleppten.

Charmant wartete mit großer Ungeduld auf ein
Wiedersehen mit der Prinzessin: vergeblich. Auf
Befehl der Königin sagten die Höflinge ihm sogar
alles Böse über Florine, was ihnen nur einfiel: sie sei
kokett, launisch und böse und schmutzig obendrein;
aus Geiz kleide sie sich wie ein armes Schäfermäd-
chen, anstatt reichgestickte Gewänder zu tragen, mit
denen ihr Vater, der König, nicht geize. Aber Charmant durchschaute die Bosheit der Lästerzungen.

Indessen lag die arme Prinzessin auf dem Boden des furchtbaren Turmes, wohin sie von den maskierten Männern geschleppt worden war, und weinte bitterlich. So verging die Nacht.

Charmant begab sich zum König und zu der Königin in der Hoffnung, Florine dort zu finden, aber die Königin sprach nur von den Freudenfesten, die sie zu seinen Ehren veranstalten wollte. Schließlich fragte er nach Florine.

»Herr«, sprach die Königin, »ihr Vater, der König, hat verboten, daß sie ihr Zimmer verlasse, bis meine Tochter verheiratet ist.«

Charmant aber geriet in Zorn und empfahl sich sofort der Königin. Er zog eine der Kammerfrauen der Prinzessin ins Vertrauen, und sie versprach ihm, eine Unterredung mit Florine am gleichen Abend herbeizuführen. Die Kammerfrau aber verriet der Königin alles, und diese befahl, ihre eigene Tochter ans Gartenfenster zu stellen. Die Nacht war so finster, daß der König den Betrug unmöglich merken konnte, und so sprach er zu Truitonne, wie er zu Florine sprechen wollte: er bot ihr seine Krone und sein Herz. Dann zog er seinen Ring vom Finger und steckte ihn als Pfand seiner Treue an den ihren; sie möge nur die Zeit bestimmen, um heimlich das Schloß zu verlassen. Truitonne willigte gern ein. Charmant war mit einem Zauberer befreundet; der schenkte ihm eine fliegende Kutsche, die von geflügelten Fröschen gezogen wurde. Bei Nacht schlüpfte Truitonne durch eine kleine Gartenpforte, und der König empfing sie in seinen Armen. Er hatte es eilig, die Prinzessin zu heiraten; diese wünschte, sich in das Schloß ihrer Patin, der Fee

Sussio, zu begeben. Tief verschleiert betrat sie das hell erleuchtete Schloß. Während Charmant im Vorsaal des Schlosses wartete, dessen Wände aus reinem Diamant und daher durchsichtig waren, sah er Sussio und Truitonne miteinander plaudern. Er glaubte zu träumen.

»Was?« rief er. »Bin ich verraten? Haben die Dämonen diesen Feind unserer Ruhe hierhergebracht?«

Schon traten die beiden herein, und die böse Fee sprach in entschlossenem Ton:

»König Charmant, hier ist die Prinzessin Truitonne, der Ihr Euer Wort gegeben habt. Sie ist mein Patenkind, und ich wünsche, daß Ihr sie auf der Stelle heiratet.«

»Ich?« rief er. »Ich sollte dieses kleine Ungeheuer heiraten? Ich habe ihr nichts versprochen, und wenn sie etwas anderes behauptet, dann...«

»Halt! Sprecht nicht weiter!« unterbrach ihn Sussio. »Habt nie die Kühnheit, mir ohne Respekt zu begegnen.«

Truitonne zeigte ihren Ring, und der König erkannte, daß er betrogen worden war. Schnell wollte er das Schloß verlassen, aber Sussio berührte ihn, und seine Füße hefteten sich an das Parkett, als hätte man sie angenagelt. Zwanzig Tage und zwanzig Nächte wurde er mit Tränen, Schluchzen und Schmeicheleien bestürmt, es wurde weder gegessen noch getrunken noch geruht. Schließlich verlor die Fee die Geduld und befahl Charmant, zwischen der Heirat mit Truitonne und einer siebenjährigen Verwünschung zu wählen. Der König, der bisher geschwiegen hatte, rief:

»Tut, was Ihr wollt, wenn ich nur von dieser abscheulichen Person befreit werde!«

Da verwandelte sich das Antlitz des Königs; seine Arme bedeckten sich mit Federn und bildeten Flügel; Beine und Füße wurden schwarz und winzig; Krallen wuchsen ihm, sein Körper schrumpfte zusammen und bedeckte sich mit zarten Federn, die waren blau wie der Himmel; seine Augen wurden rund und strahlend wie Sonnen. Er sang entzückend und konnte sogar sprechen. So verwandelt stieß er einen schmerzlichen Schrei aus und entfloh durch ein Fenster des unheilvollen Palastes.

Truitonne kehrte zu ihrer Mutter zurück, die in furchtbaren Zorn geriet, als sie erfuhr, daß ihr Plan mißlungen war. Sie rächte sich an der armen Florine, indem sie vorgab, der Fürst habe Truitonne zu seiner Gemahlin gemacht. Als Florine den Ring des Königs sah, konnte sie nicht mehr an ihrem Unglück zweifeln. Sie verlor das Bewußtsein. Als sie wieder zu sich kam, wurde ihr Schmerz so heftig, daß sie die ganze Nacht weinte.

Indessen flog der blaue Vogel unaufhörlich um das Schloß, wo er seine geliebte Prinzessin eingeschlossen wußte. Aber aus Furcht vor der bösen Königin sang er nur nachts. Dem Turmfenster gegenüber stand eine hohe Zypresse. Dort ließ der blaue Vogel sich nieder. Kaum saß er dort, da hörte er eine klagende Stimme:

»Ach, muß ich noch lange leiden«, sagte sie, »wird der Tod mich nicht bald erlösen? O grausame Königin, was tat ich dir, da du mich zur Zeugin des Glückes machst, das Truitonne mit dem König Charmant genießt!«

16

So klagte sie die ganze Nacht. Dem blauen Vogel entging kein Wort, aber als es Tag wurde und er sich die traurige Dame ansehen wollte, war das Fenster geschlossen. In der folgenden Nacht schien der Mond, und der blaue Vogel hörte wieder die Klagen der armen Gefangenen, und je länger er zuhörte, um so sicherer wurde es, daß die Stimme niemandem anders als seiner liebenswürdigen Prinzessin gehörte.

»Anbetungswürdige Florine!« rief er. »Eure Leiden sind nicht unheilbar.«

Und er flog an das Fenster und gab sich ihr zu erkennen. Er erzählte ihr sein Mißgeschick, wie er betrogen worden war und daß er es vorgezogen habe, sieben Jahre lang als blauer Vogel zu leben, anstatt ihr die Treue zu brechen.

Florine vergaß das Unglück ihrer Gefangenschaft, und sie schwor, dem König die gleiche Treue zu halten. Die schönsten Schmucksachen holte der blaue Vogel aus seinem Palast, in den er durch eine zerbrochene Fensterscheibe eindrang, und brachte sie Florine.

So vergingen zwei Jahre, ohne daß die Prinzessin sich auch nur ein einziges Mal über ihre Gefangenschaft beklagte. Aber die böse Königin, die vergeblich versuchte, ihre Tochter zu verheiraten, suchte Florine dafür verantwortlich zu machen. Eines Nachts stieg sie in Begleitung ihrer Tochter auf den Turm und lauschte an der Tür des Gefängnisses. Sie glaubte, zwei Stimmen zu hören, und öffnete plötzlich die Tür. Florine stand am Fenster, mit kostbaren Schmucksachen bedeckt, ihr Bett war mit Blumen bestreut, und spanische Räucherkerzen verbreiteten einen lieblichen

Duft. Die beiden Weiber kannten sich vor Zorn nicht mehr, und sie beschuldigten die Prinzessin, das Land und den König an den Feind verraten zu haben. Schließlich beschloß die Königin, eine Spionin zu Florine zu lassen. Die Prinzessin wagte sich nicht mehr ans Fenster, obwohl sie den Vogel um den Turm flattern hörte. Als aber die Nacht kam und das Mädchen schlief, öffnete Florine schnell das Fenster und rief ihren blauen Vogel herbei. So ging es drei Nächte hintereinander. Aber in der vierten Nacht stellte das Mädchen sich nur schlafend, und so hörte sie das verliebte Gespräch zwischen Florine und dem blauen Vogel. Am folgenden Morgen verriet das böse Mädchen alles der Königin, die mit Truitonne beratschlagte, wie sie sich rächen könnten. Sie ließen Messer und Dolche an der Zypresse befestigen, und als Florine den blauen Vogel rief, zerschnitten ihm die scharfen Mordwaffen Füße und Flügel, und nur mit Mühe konnte er sich in einen hohlen Baum retten. Er wollte sterben, denn er glaubte nicht anders, als daß Florine ihn verraten hätte. Aber sein Freund, der Zauberer, hatte auf der Suche nach dem König schon neunmal die Runde um die Erde gemacht, seit die fliegenden Frösche ohne den König zurückgekehrt waren. Zum Glück fand er ihn in Gestalt des blauen Vogels, der in seinem Blute schwamm. Er heilte seine Wunden. Als er das Mißgeschick des Königs hörte, riet er ihm, Florine zu vergessen.

Inzwischen verzehrte sich die arme Prinzessin vor Kummer und Sorge um ihren Geliebten. Die Königin und Truitonne aber triumphierten.

Da starb der König, Florines Vater, und das Volk vertrieb die böse Königin und ihre Tochter. Florine wurde als rechtmäßige Königin ausgerufen.

Inzwischen hatte der Zauberer, des Königs Freund, die Fee Sussio aufgesucht, die er seit fünf- oder sechshundert Jahren kannte. Aber um den blauen Vogel in seine frühere Gestalt zurückzuverwandeln, verlangte sie, daß der König Truitonne heirate. Charmant, der sich von Florine verraten glaubte, willigte ein, jedoch unter der Bedingung, daß die Hochzeit nicht vor Jahresfrist stattfinde. Sofort verwandelte Sussio den blauen Vogel in seine frühere Gestalt zurück, und der König war genauso schön, so liebenswürdig und geistreich wie zuvor. Der Gedanke aber, Truitonne heiraten zu müssen, ließ ihn erzittern.

Florine dachte an nichts anderes als an den König. Um ihn zu suchen, verkleidete sie sich als Bäuerin, setzte einen großen Strohhut auf, und mit einem Sack auf der Schulter machte sie sich auf den Weg. Sie wanderte Tag und Nacht. Da begegnete ihr ein altes Weib, das fragte sie:

»Was macht Ihr hier allein, schönes Mädchen?«

Und Florine erzählte ihr alles, was ihr widerfahren war. Die Alte aber tröstete sie:

»Der König, den Ihr sucht, ist kein Vogel mehr. Meine Schwester Sussio hat ihn in seine frühere Gestalt zurückverwandelt.«

Und sie schenkte ihr vier Eier, die möge sie zerbrechen, wenn sie in großer Not sei. Florine dankte ihr und wanderte acht Tage und acht Nächte, ohne zu rasten. Da gelangte sie an einen Berg, der war ganz aus Elfenbein. Tausendmal versuchte sie, ihn zu erklimmen, aber immer wieder glitt sie ab. Da erinnerte sie sich der Eier, die ihr die Fee geschenkt hatte. Sie zerbrach ein Ei, und heraus fielen goldene Widerhaken, die sie an ihren Füßen und Händen befestigte. So gelangte sie auf die Spitze des Berges. Hier begegnete sie einem neuen Hindernis: die andere Seite des Berges war ein einziger riesiger Spiegel, zwei Meilen breit und sechs Meilen hoch. Darin spiegelten sich Tausende und aber Tausende von Frauen und Männern aus der ganzen Welt, denn jeder sah sich darin, nicht wie er war, sondern wie er gern sein wollte; alle Schönheitsfehler wurden unsichtbar. Als Florine auf der Spitze des Berges erschien, brachen alle Frauen und Männer in verzweifelte Schreie aus, denn sie fürchteten, ihr Spiegel könne zerbrechen. Die Königin in ihrer Not zerbrach ein zweites Ei, und heraus flogen zwei Tauben, die eine Kutsche zogen, die sofort die für Florine notwendige Größe annahm. So erreichte die Königin die Stadt, wo der König Charmant regierte. Aber was mußte sie hören? Der König sei im Begriff, Truitonne zu heiraten, und werde morgen mit ihr ins Gotteshaus gehen. Als der Morgen graute, begab sich die arme Florine, unkenntlich in ihren schmutzigen Kleidern, in das Gotteshaus und lehnte sich unweit des Thrones an eine Marmorsäule. Hinter dem König erschien Truitonne, reich gekleidet, aber zum Fürchten häßlich. Als sie die schmutzige Bäuerin erblickte, rief sie:

»Wer bist du, daß du wagst, meinem goldenen Thron so nahe zu kommen?«

Aber Florine zog die mit Smaragden besetzten Schmuckstücke aus dem Sack, die sie einst von dem

blauen Vogel geschenkt bekommen hatte. Truitonne
war entzückt und ging gleich zum König, um sie ihm
zu zeigen. Dieser erbleichte, denn er erkannte den
Schmuck und sagte:

»Dieser Schmuck ist mein ganzes Königreich
wert.«

Truitonne setzte sich wieder auf ihren Thron wie
eine Auster, die in ihre Schale zurückkehrt; sie fragte
die vermeintliche Bäuerin, wieviel sie dafür haben
wolle. Florine aber sprach:

»Für Geld ist mir der Schmuck nicht feil. Wenn Ihr
mich aber eine Nacht in der klingenden Kammer des
Königspalastes schlafen laßt, sollt Ihr ihn haben.«

»Aber gern«, lachte Truitonne, »wenn's weiter
nichts ist!« Und dabei entblößte sie ihre Zähne, die
länger waren als die Hauer eines Wildschweines.

Die klingende Kammer aber – so hatte einst der
blaue Vogel Florine erzählt – lag unter dem königlichen Schlafgemach und war so gebaut, daß der
König selbst das leiseste Wort vernehmen konnte,
was darin gesprochen wurde.

Florine wurde in die Kammer geführt und seufzte
die ganze Nacht:

»Grausamer Vogel, du hast mich vergessen. Du
liebst meine unwürdige Rivalin, und der Schmuck,
den ich aus deiner treulosen Hand empfing, hat mich
nicht in dein Gedächtnis zurückgerufen, so weit bin
ich daraus entfernt.«

Aber der König, der seit seiner Trennung von
Florine Opium nahm, um schlafen zu können, hörte
nichts. Die unglückliche Florine zerbrach das dritte Ei
der Fee, und heraus kam eine kleine Kutsche aus

blankem Stahl, mit Gold geschmückt; sechs grüne
Mäuse zogen sie, und der Kutscher war eine rosa-
farbene Ratte, und auch der hanffarbene Postillion
war aus der Familie der Ratten. In der Kutsche aber
saßen vier entzückende Marionetten, die konnten tanzen und die graziösesten Sprünge vollführen. Als die
Königin spazierenging, stellte Florine sich ihr in den
Weg und ließ das reizende Gefährt vorübergaloppie-
ren. Truitonne war außer sich vor Freude und erwarb
das Spielzeug gegen eine zweite Nacht in der klingenden Kammer.

Aber Florines zärtliche Klagen verhallten wieder
ungehört, und die Kammerdiener sagten zueinander:

»Diese Bäuerin muß wahnsinnig sein; was redet
sie nur die ganze Nacht?«

Nun hatte Florine nur noch ein Ei; sie zerbrach es,
und heraus kam eine Pastete; die bestand aus sechs
Vögeln, die waren gespickt und gebraten und sehr gut
zubereitet; aber dabei sangen diese Vögel wunderbar
schön; sie konnten wahrsagen und verstanden mehr
von der Medizin als Äskulap. Die Königin begab sich
mit dieser sprechenden Pastete in das Vorzimmer der
Prinzessin Truitonne.

Als sie dort wartete, trat ein Kammerdiener des
Königs auf sie zu und machte ihr Vorwürfe, daß sie
die ganze Nacht rede. Er sagte:

»Wenn der König keinen Schlaftrunk nähme,
würdest du ihn sehr stören.«

Jetzt wunderte Florine sich nicht mehr, daß sie
nicht gehört worden war.

»Ich fürchte nicht, die Ruhe des Königs zu stören.
Wenn du einwilligst, ihm heute abend kein Opium

zu geben, sollen diese Perlen und Diamanten dir gehören.«

Sie ließ ihn einen Blick in ihre Tasche tun, in der es von Perlen und Edelsteinen nur so blitzte. Der Kammerdiener versprach, zu tun, was sie verlangte.

Als Truitonne vorüberkam, tat Florine, als äße sie ihre Pastete.

»Was machst du denn da, Schmutzfink?« fragte sie.

»Ich esse Astrologen, Musiker und Ärzte.«

Und im gleichen Augenblick begannen alle Vögel aufs lieblichste zu singen und ihre mannigfaltigen Künste zu zeigen, so daß Truitonne sprachlos dastand. Sie wollte um jeden Preis diese Zauberpastete besitzen. Florine verlangte nichts weiter, als eine dritte Nacht in der klingenden Kammer zu verbringen.

Als es Nacht wurde, begann sie zu klagen:

»Was habe ich dir getan, grausamer König, da du deines Schwures nicht mehr gedenkst? Hast du deine Metamorphose vergessen, meine Liebe und unsere zärtlichen Gespräche?«

Sie wiederholte alles, was sie einander gesagt hatten. Der König schlief nicht, und obwohl er nicht begriff, woher die Stimme Florines kam, antwortete er:

»Ach, grausame Prinzessin, wie konntet Ihr mich unseren gemeinsamen Feinden opfern?«

So hörte jeder das Mißgeschick des andern. Da erhob sich der König, kleidete sich an und gelangte über eine Geheimtreppe in die klingende Kammer. Dort erblickte er Florine in einem weißseidenen

Gewand, das sie über ihr grobes Bauernkleid geworfen hatte, und ihre schönen Haare fielen über ihre
Schultern herab. Der König warf sich ihr zu Füßen
und benetzte ihre Hände mit Tränen. Er glaubte vor
Freude und Schmerz sterben zu müssen. In ihrem
Glück fürchteten sie nur noch die Fee Sussio. Da aber
trat der Zauberer, des Königs Freund, herein in
Begleitung der guten Fee, die Florine die vier Zaubereier geschenkt hatte. Sie erklärten, daß Sussio ihrer
vereinigten Macht gegenüber hilflos sei.

Jetzt stand der Hochzeit der Liebenden nichts
mehr im Wege. Jedermann war entzückt von der
Schönheit Florines.

Truitonne aber, als sie hörte, was sich ereignet
hatte, eilte zum König und fand dort ihre schöne
Rivalin. Aber es wurde ihr keine Zeit gelassen, den
Mund zu öffnen, denn der Zauberer und die Fee verwandelten sie schnell in eine Sau*, damit sie wenigstens einen Teil ihres Namens nebst ihrem grunzenden Charakter behielt. Der König Charmant und die
Königin Florine aber, glücklich, von einem so verabscheuungswürdigen Wesen befreit zu sein, dachten
nur noch an ihre Hochzeit, und man kann sich
denken, wie glücklich sie nach so langem Unglück
waren[1].

* Truie = Sau

24

Die zwei Welten des Märchens

*Als Florine und Truitonne herangewachsen waren,
wollte der König sie verheiraten. Die Königin
wünschte, daß ihre Tochter die erste sei, und da der
König keinen Streit mochte, willigte er ein, alles ihr
zu überlassen.*
*Kurze Zeit später wurde der Besuch des Königs
Charmant gemeldet.*

An diesem Märchen hat mich eine Besonderheit gelockt. Anders als in den meisten Märchen müssen hier sowohl der Held als auch die Heldin einen
Wandlungsprozeß durchlaufen. Jeder für sich muß
Gefahren bestehen und Abenteuer erleben, ehe sie
endgültig zueinander finden. Beide müssen sich auch
im Verlaufe dieses Prozesses in jene zweite Welt
begeben, die magisch-mythische, die uns in fast allen
Märchen begegnet und die gerade die Märchen für
unsere Seele so faszinierend macht. Diese Zweitei-
lung der Welten ist für die Märchen etwas außerordentlich Charakteristisches. Da gibt es auf der einen
Seite die Welt des völlig natürlichen, normalen und
üblichen Erlebens, in der, wie in diesem Märchen, ein
königlicher Freier an den Hof eines anderen Königs
kommt und dessen Tochter heiraten möchte. Dann

aber gibt es auf der anderen Seite jene magische Welt, in der König Charmant mit einem Zauberer befreundet ist und die Prinzessin Truitonne eine böse Fee zur Patentante hat, neben der schließlich noch eine gute Fee auftaucht, welche die Königstochter Florine und König Charmant unterstützt. Diese magisch-mythische Welt zieht beide Hauptfiguren in ihren Bereich. Sie müssen hier tödliche Gefahren bestehen und unlösbare Aufgaben lösen. In dieser magischen Welt existieren so merkwürdige Dinge wie eine Kutsche, die von fliegenden Fröschen gezogen wird, Pasteten, die mit sprechenden Vögeln ausgestattet sind, ein Berg aus Elfenbein mit einem riesigen Spiegel, in dem Männer und Frauen ihr Abbild in phantastischer Schönheit sehen. Da wird ein Mensch in einen Vogel verwandelt, und in gewöhnlichen Eiern befinden sich die wundersamsten Dinge. Würde man diese Welten in das Innere der Seele eines einzelnen Menschen versetzen, so entspräche der erste Bereich, in dem das Normale und Übliche abläuft, unserem Bewußtsein. Die zweite, magische Region ist unserem Unbewußten gleichzusetzen, jenem Bereich, aus dem Träume und Phantasien kommen, in denen bekanntlich auch alles möglich ist, was sonst unmöglich erscheint. Bewußtsein und Unbewußtes – das sind die beiden großen Gegensätze, in denen sich das Märchen abspielt und zwischen denen es eine Beziehung herzustellen sucht.

Es gibt sehr viele Möglichkeiten, die das Märchen zur Darstellung der Welt des Unbewußten findet: Sie kann eine Welt unter Wasser sein wie in dem arabischen Märchen von Schullanah, der Meermaid; sie kann unter der Erde liegen wie in der »Frau Holle« oder auch im Himmel wie beim »Marienkind«. Sie kann, wie in unserem Märchen, ganz plötzlich in die Welt des Alltags und des Normalen einbrechen wie beim Auftauchen der bösen Fee vor dem König Charmant oder als Elfenbeinberg auf der Reise der Prinzessin zu ihrem Geliebten. Sie kann mitten im Walde liegen wie das Pfefferkuchenhaus bei »Hänsel und Gretel« oder in einer geheimnisvollen Höhle, in der ein Drache auf Schätzen hockt, oder gar in der Hölle wie im »Teufel mit den drei goldenen Haaren«. Immer aber ist das Betreten oder der Einbruch in diese Welt mit großen Gefahren für den Heros oder die Heroine des Märchens verbunden, verheißt aber auch einen großen Gewinn, wenn diese Gefahren bestanden werden.

In den gängigen Märchen, die wir im allgemeinen zu kennen pflegen, ist es in der Regel so, daß sich entweder der Märchenheros mit den Gefahren und Problemen dieser magisch-mythischen Welt auseinandersetzt, während die Heroine weitgehend passiv bleibt, bis sie von ihm erlöst beziehungsweise errungen wird, oder es ist umgekehrt eine aktive Heroine, die sich mit der zweiten Welt auseinandersetzen muß, um schließlich den weitgehend passiven oder im Bereich des Normalbewußtseins verbleibenden Heros zu erringen. Für den erstgenannten Typ wäre charakteristisch das Märchen »Dornröschen«, wo das Unbewußte symbolisiert wird durch das verwunschene Schloß, das von einer undurchdringlichen Dornenhecke umgeben ist, durch die sich der Heros hindurchkämpfen muß, um die schlafende Prinzessin wachzuküssen. Ähnliches finden wir in dem schon erwähnten Märchen von dem »Teufel mit den drei goldenen Haaren«, dem »Treuen Johannes«, den »Zwei Brüdern« oder den »Drei Federn«.

Annähernd ebenso häufig finden wir aber auch das Umgekehrte, daß sich die Heroine entweder aktiv oder unter Zwang in diesen magischen Bereich begibt und in ihm bestehen muß, wie wir es von »Aschenputtel« kennen, vom »Mädchen ohne Hände«, vom »Marienkind«, von den »Sechs Schwänen« oder den »Sieben Raben«, oder von »Schneewittchen«.

Als Drittes gibt es dann diejenige Kategorie von Märchen, in denen die Begegnung mit dem anderen Geschlecht ausgeklammert ist und praktisch keine Beziehung zu dem in uns wohnenden gegengeschlechtlichen Seelenanteil aufgenommen wird. Hier existiert nur der männliche Heros wie im Märchen vom »Tischlein-deck-dich, Goldesel und Knüppel-aus-dem-Sack«, der nach seiner langen Lehrzeit eigentlich das unscheinbarste Geschenk von den drei Brüdern erhält, nämlich den Sack mit dem Knüppel, wo aber gerade das Unscheinbare und am wenigsten Wertvolle das eigentliche Mittel darstellt, die an den betrügerischen Wirt verlorengegangenen Werte des Goldesels und des Tischlein-deck-dich zu retten und nach Hause zu bringen. Ebenso gibt es dann auch wieder Märchen, die nur eine weibliche Heldin kennen wie »Frau Holle«, wo die ungeliebte, aber schöne und fleißige Tochter der Witwe dadurch, daß sie den Anforderungen der Frau Holle, die eine Naturgottheit darstellt (sie kann es schneien lassen, wenn sie die Betten schüttelt), gerecht wird und die ihr gestellten Aufgaben löst, den reichen Lohn aus ihrer Unterweltfahrt nach Hause bringt. Erfahrungsgemäß identifizieren sich, wie mir aus vielen Analysen und meinen Untersuchungen über die Lieblingsmärchen der Kindheit bekannt ist, Frauen in der Regel mit Märchen, in denen nur eine weibliche Heroine wie bei der »Frau Holle« vorkommt, oder Männer mit den Märchen, in denen nur ein männlicher Heros enthalten ist. Ausnahmen hiervon lassen meist auf eine tiefere Problematik in der eigenen Geschlechtsrolle schließen. Märchen dagegen, in denen Heros und Heroine gemeinsam erscheinen, eignen sich zur Identifizierung für beide Geschlechter, unabhängig davon, ob der eine Teil der passive oder der mehr aktive ist.

Nur am Rande erwähnen möchte ich eine vierte Kategorie von Märchen, in denen überhaupt keine Menschen vorkommen, sondern die handelnden Figuren Tiere sind, wie wir es zum Beispiel in dem Märchen von den »Bremer Stadtmusikanten« finden. Diese gehen nach den Untersuchungen von Marie-Louise von Franz auf die Mythologien von Naturvölkern zurück, die sich im Sammler- und Jägerstadium befinden, wobei sich diese Märchentiere aber geistig und seelisch genau wie Menschen verhalten: »Sie sind gleichsam Tier-Menschen-Götter, und in diesen Gestalten können wir, wie Jung erarbeitet hat, erkennen, daß unsere geistigen und gefühlsmäßigen Innenvorgänge ursprünglich völlig unseren instinktiven animalischen Verhaltensweisen zugeordnet waren.«

Der Held in Mythos und Märchen

*Er war der galanteste und der schönste aller Fürsten,
dessen Geist seinem Aussehen und seinem Rang
nicht nachstand.*

Wenden wir uns aber nun zunächst der ersten
Hauptfigur zu, dem Heros, in unserem Märchen dargestellt durch den König Charmant. Ehe wir
dessen Weg im einzelnen verfolgen, sei noch etwas
Allgemeines über diese Heroenfigur, die sich auch in
den Mythen der verschiedensten Naturvölker findet,
gesagt. Wir unterscheiden zwischen Märchen und
Mythen, was in früherer Zeit sicher nicht der Fall
gewesen ist. So finden sich auch bestimmte Gemein-
samkeiten bei den Märchen- und Mythen-Helden.
Das Märchen ist nach Erich Neumann ein personali-
sierter Mythos, das heißt, daß seine Hauptfiguren in
der Regel der gewöhnlichen Menschenwelt entstam-
men und auch, wie wir alle wissen, keineswegs immer
Könige sind, sondern gerade einfache Menschen aus
dem Volk. Auch spielt die Handlung und die Auseinandersetzung im Märchen nicht, wie in den Mythen,
im Götterhimmel oder in den Kämpfen zwischen den
halbgöttlichen Heroen und den Göttern, sondern
zunächst in der Alltagsrealität, mit der sich jeder

identifizieren kann. Der magisch-mythische Bereich, die zweite Welt des Märchens, ist meist durch Geister, Dämonen, Feen, Nymphen, Zauberer oder ähnliches dargestellt. Der Heros der Märchenhandlung ist natürlicherweise zunächst die Figur, mit der sich jeder Zuhörer identifizieren wird und der von daher, auf das Innerpsychische übertragen, die Darstellung eines bestimmten Erlebens- und Aktionsschemas des bewußten Ich-Komplexes ist. So gern wir alle immer Helden sein möchten, so wenig sind wir es. Das Heroen-Ich erwacht in uns nur in besonderen Situationen, in denen wir notwendigerweise dessen bedürfen. Sofern es aber in uns wach wird, folgt es immer dem gleichen Aktionsschema: Der Heros verläßt zunächst freiwillig aus eigenem Entschluß oder gezwungen durch eine Notwendigkeit die Welt der normalen Realität und sucht einen Bereich auf, in dem übernatürliche Wunder geschehen und er sich mit fabelhaften Mächten auseinanderzusetzen hat. Hier erringt er, oft mit Hilfe ihm freundlich gesonnener, ebenfalls übernatürlicher Wesen, seine entscheidenden Siege und kehrt schließlich von dieser Fahrt, belohnt mit neuen Schätzen und Kräften, wieder in die natürliche Welt zurück. Hierbei unterscheidet sich der Märchenheld vom Mythenheld insofern, als der Sieg und Triumph des ersteren mehr ein persönlicher ist und sich auf den eigenen Lebensraum bezieht, während der Heros des Mythos seine Segnungen an seine Kultur und sein Volk verteilt. Der Märchenheld triumphiert über seine persönlichen Bedrücker und erreicht das von ihm persönlich angestrebte Ziel zur Gestaltung seines eigenen Lebens, während der mythische Held von seinen Abenteuern diejenigen Mittel zurückbringt, die in der Lage sind, die ganze Gesellschaft zu erneuern und ihr zu einer anderen Bewußtseinsstufe zu verhelfen. Dies läßt sich leicht dadurch verdeutlichen, daß man neben unser Märchen eine berühmte Legende vom großen Kampf des Buddha legt:

»Der junge Prinz Gautama Sakyamuni verließ auf seinem fürstlichen Roß Kanthaka heimlich seines Vaters Palast, passierte wie durch ein Wunder das bewachte Tor, ritt, begleitet von dem Licht von viermal sechzigtausend Gottheiten, durch die Nacht, setzte mit Leichtigkeit über einen riesigen, elfhundertundachtundzwanzig Ellen breiten Fluß hinweg und schor dann mit einem einzigen Schwertstreich seine königlichen Locken, worauf das verbliebene Haar, nur noch zwei Finger breit, sich nach der rechten Seite drehte und dicht am Kopf anlag. Nachdem er Mönchskleidung angelegt hatte, durchwanderte er als Bettler die Welt, und während dieses scheinbar zwecklosen Wanderns war es, daß er die acht Stadien der Meditation erreichte und überstieg. Dann zog er sich in eine Einsiedelei zurück, widmete weitere sechs Jahre lang seine Kräfte dem großen Kampf, trieb die Genügsamkeit bis zum Äußersten und brach schließlich, scheinbar tot, zusammen, erholte sich aber sofort wieder. Dann nahm er wieder das weniger strenge Leben des wandernden Asketen auf.

Eines Tages saß er unter einem Baum, das östliche Viertel der Welt betrachtend, und der Baum leuchtete von seinem Glanz. Ein junges Mädchen namens

Sujata kam und bot ihm Milchreis in einer goldenen Schüssel, und als sie die leere Schüssel in einen Fluß warf, schwamm sie stromaufwärts. Das war das Zeichen, daß der Augenblick seines Sieges gekommen war. Er stand auf und ging eine Straße entlang, welche die Götter geschmückt hatten und die elfhundertachtundzwanzig Ellen breit war. Die Schlangen und Vögel und die Gottheiten der Wälder und Felder feierten ihn mit Blumen und himmlischen Düften, von himmlischen Chören ertönte Musik, die zehntausend Welten waren erfüllt von Wohlgerüchen, Girlanden, Wohlklängen und Hochrufen; denn er war auf dem Weg zu dem großen Baum der Erleuchtung, dem Bo-Baum, unter dem er das Universum erlösen sollte. Er nahm, sich fassend, unter dem Bo-Baum Platz, auf der unbeweglichen Stelle, und sofort näherte sich ihm Kama-Mara, der Gott der Liebe und des Todes.

Der gefährliche Gott thronte auf einem Elefanten und trug Waffen in seinen tausend Händen. Er war umgeben von seinem Heer, das sich vor ihm zwölf Meilen weit erstreckte, zwölf zur Rechten, zwölf zur Linken, und hinter ihm bis zu den Grenzen der Welt; es war neun Meilen hoch. Die wohlwollenden Gottheiten des Universums flohen, aber der werdende Buddha verblieb unbeweglich unter dem Baum. Und dann griff der Gott ihn an, um seine Konzentration zu brechen. Wirbelwinde, Felsen, Donner und Schlamm, rauchende Waffen mit scharfen Schneiden, brennende Kohlen, heiße Asche, kochenden Schlamm, schneidenden Sand und vierfache Finsternis schleuderte der Widersacher auf den Erlöser, aber alle Geschosse wurden durch die Kraft der zehn Vollkommenheiten Buddhas in himmlische Blumen und Spezereien verwandelt. Darauf schickte Mara seine Töchter vor, Begehrlichkeit, Üppigkeit und Wollust, umgeben von üppigen Begleiterinnen, aber der Geist des Buddha ward nicht abgelenkt. Schließlich forderte der Gott sein Recht, auf der unbeweglichen Stelle zu sitzen, schwang zornig seinen Diskus, der scharf war wie ein Schermesser, und befahl der Masse seines Heeres, sich wie ein Bergrutsch auf ihn zu werfen. Der werdende Buddha aber bewegte nur seine Hand, um den Boden mit seinen Fingerspitzen zu berühren und so die Göttin Erde zu bitten, für sein Recht zu zeugen, dort zu sitzen, wo er sich befand. Sie tat es mit hundert, tausend, hunderttausend Donnern, so daß der Elefant des Widersachers in die Knie fiel in Verehrung vor dem werdenden Buddha. Das Heer war im Nu in alle Winde verstreut, und die Götter aller Welten ließen Girlanden regnen.

Nachdem er diesen ersten Sieg vor Sonnenuntergang gewonnen hatte, erlangte der Überwinder in der ersten Nachtwache das Wissen von seinen früheren Existenzen, in der zweiten Wache das göttliche Auge der allwissenden Schau und in der letzten das Wissen von der Kette der Verursachung. Bei Tagesanbruch ward ihm die vollkommene Erleuchtung.

Danach saß Gautama – nun der Buddha, der Erleuchtete – sieben Tage lang unbeweglich in Verzückung; sieben Tage lang stand er neben dem Baum und betrachtete die Stelle, wo ihm die Erleuchtung geworden war; sieben Tage lang schritt er zwischen der Stelle, wo er gesessen, und der Stelle, wo er gestanden; sieben Tage lang zog er sich in einen Pavillon zurück, den die Götter ihm gestellt hatten, und überschaute noch einmal die ganze Lehre von der Verursachung und Erlösung; sieben Tage lang saß er unter dem Baum, wo das Mädchen Sujata ihm Milchreis in einer goldenen Schüssel gebracht hatte, und meditierte über die Lehre von der Süßigkeit des Nirwana; er ging zu einem anderen Baum, und ein großer Sturm tobte sieben Tage lang, aber der König der Schlangen kroch aus der Wurzel hervor und schützte den Buddha mit seinem geblähten Hals; schließlich saß der Buddha weitere sieben Tage lang unter einem vierten Baum und erfreute sich dort der Süßigkeit der Befreiung. Dann geriet er in Zweifel, ob seine Botschaft mitgeteilt werden könne, und dachte, seine Weisheit bei sich zu behalten; aber der Gott Brahma stieg vom Zenit herab, um ihn zu bitten, der Lehrer der Götter und Menschen zu werden. So ward der Buddha überredet, den Pfad zu verkünden. Und er ging zurück in die Städte der Menschen, wo er sich unter den Bürgern der Welt bewegte und den unschätzbaren Segen des Wissens um den Weg weitergab.«[2]

Ich habe diese Legende des Buddha absichtlich gewählt, weil hier etwas geschieht, was für den orientalischen Mythos recht charakteristisch ist. In dem Augenblick seiner höchsten Bedrohung, als der Buddha von Kama-Mara angegriffen wird, ruft er die große Göttin der Erde und erbittet ihre Hilfe. Während in der abendländischen Mythologie der Kampf des Heros fast immer dem bösen Weiblichen gilt und meist in Mutterüberwindung und Muttertötung endet, ist die orientalische Mythologie, ähnlich wie die der Naturvölker, in der Auseinandersetzung mit den Negativaspekten des Mutter-Archetyps mehr auf deren Verehrung und Versöhnung aus als auf Unterwerfung oder Tötung. Dieses Motiv der Muttertötung läßt sich schon sehr früh in den Großkulturen, die im Mittelmeerraum entstanden sind, nachweisen. Es taucht zum ersten Mal in der ägyptischen Mythologie in der Auseinandersetzung zwischen Isis, ihrem Sohn Horus und dem dunklen Bruder-Widersacher des Osiris, Seth, auf:

»Im Streit um die weiße Krone des Osiris zwischen Seth und Horus steht Isis zwar auf seiten ihres Sohnes Horus und kämpft mit ihm zusammen gegen Seth; als sie aber Seth, der sich in einem Unterwasserkampf mit Horus befindet, eine Harpune in den Leib gestoßen hat und dieser sie mit den Worten anruft: ›Was habe ich dir denn getan, meine Schwester Isis? Befiehl deinem Erz, sich von mir zu lösen. Ich bin doch dein Bruder, von der Mutter her, liebe Isis.‹, da löst sie die Harpune aus seinem Leib und verschont ihn. Darauf wird Horus böse gegen seine Mutter Isis: ›Er kam (aus dem Wasser) heraus mit einem Gesicht, wild wie das eines Leoparden, und mit seinem Messer von 16 Barren Gewicht in der Hand. Er schnitt das Haupt seiner Mutter Isis ab, nahm es in seine Arme und stieg in das Gebirge hinauf. Diese aber verwandelte sich in ein Frauenbild aus Feuerstein ohne Kopf.‹«[3]

Diese Linie von Mutterüberwindung und Muttermord setzt sich dann in dem späteren babylonischen Schöpfungsmythos fort, der eine gewaltige Schlacht zwischen Marduk und Thiamat beschreibt. Marduk als babylonischer Sonnenheld ist ein Urenkel der vierten Generation der Ur-Mutter Thiamat, deren erdhaft-wildwucherndes Lebensprinzip, das heißt ihre dämonische und bedrohliche Seite, bekämpft und überwunden werden muß. Beide stehen sich schließlich in einer gewaltigen Schlacht gegenüber, in der Marduk siegt und aus den beiden Hälften seiner gespaltenen Gegnerin, der Ur-Mutter Thiamat, Himmel und Erde bildet. Diese Bezwingung und Überwindung des mütterlich-erdhaften Prinzips setzt sich in der Mythologie der Hellenen in späteren Jahren fort. Es gibt zwischen dem Heros und der dämonisch-negativen Seite der Mutter keine Versöhnung oder Eingliederung, sondern immer nur einen tödlichen Kampf, der wie die Kette der Taten des Herakles die Überwindung seiner Urfeindin Hera, der Mutter-Göttin und damit auch der Mutter-Erde, zum Ziel hat. Herakles und Theseus, jene beiden größten griechischen Heroen, wie auch der Gott Apollo stellen das olympische himmlische Element dar, das in einer stetigen Todfeindschaft mit dem mütterlich-iridischen Prinzip steht. Dieser Sieg des Himmlischen findet seine letzte Ausprägung dann im Christentum, wo der Heiland der Schlange den Kopf zertritt und letztlich nur noch die helle, lichte Gestalt des Weiblichen als Maria übrigbleibt und nichts mehr von den dunklen, irdischen Figuren der großen Muttergottheiten zu finden ist, die im Buddhismus und Hinduismus zum Beispiel in der Figur der blutrünstigen Kali erhalten bleiben.

Es mag zunächst vermessen erscheinen, dieses

relativ harmlose Märchen mit derartig großen Bildern in Beziehung zu setzen; aber wie bereits ausgeführt, handelt es sich bei dem Märchen um einen personifizierten, das heißt in die Alltagswelt übersetzten Mythos. All die großen Probleme der menschlichen Welt- und Innenwelterkenntnis sowie der seelischen Entwicklung finden sich daher auch in den Bildern der Märchen wieder, wo sie allerdings nicht so scharf und so deutlich sind, wie wir es im Mythos sehen können. Betrachten wir uns unter diesem Gesichtspunkt nun einmal den Heros des vorliegenden Märchens:

Der König Charmant ähnelt keinesfalls den großen Märchenhelden, die mutig kämpfend, wie bei den Gebrüdern Grimm, ihre Bahn ziehen und am Schluß triumphierend, sei es durch List oder Gewalt, die böse Hexe vernichten. Er wird zwar als ein Galanter und Schöner beschrieben, »dessen Geist seinem Ansehen und seinem Rang nicht nachstand«; aber man könnte fast meinen, daß er ein ausgesprochen naiver Trottel ist. Gleich zu Anfang fällt er auf die Zusage einer der Kammerfrauen in blindem Vertrauen herein und verspricht einer Gestalt am Gartenfenster, die er in der dunklen Nacht überhaupt nicht identifizieren kann, seine Krone und sein Herz in der Annahme, es wäre Florine und nicht Truitonne, die dort stünde. Es ist ihm offensichtlich nicht klar, daß es Situationen gibt, in denen Kontrolle wichtiger ist als Vertrauen, und so ist er schließlich der bösen Fee Sussio völlig ausgeliefert, indem er sich widerstandslos von seiner »Schönen« in deren Zauberschloß führen läßt. Hier beweist er dann allerdings das erste Mal einen beachtlichen Mut und männliche Standfestigkeit. Er nimmt lieber die Verwünschung und Verwandlung in ein Tier auf sich, als die ungeliebte, häßliche Frau zu heiraten. Als blauer Vogel kehrt er dann zu seiner angebeteten Florine zurück, und so gut sich das Ganze zunächst anläßt, hier tappt er doch wieder in eine Falle hinein. Wieder ist es eine bösartige Kammerfrau, die Florine und ihn verrät.

Eigentlich müßten wir diesen heimtückischen Wesen im Interesse der Geschichte dankbar sein. Sie sorgen immer im rechten Augenblick dafür, daß der Bogen der Spannung nicht abreißt und die Erzählung weitergeht. Offenbar hat hier das Böse einen geheimen Anteil und ein Interesse, die Entwicklung des Helden zu fördern, indem es das Leben nicht einfach verlaufen läßt, sondern die notwendigen Probleme auftürmt. Diesmal ist unser bedauernswerter Heros auf die Hilfe der großen magischen Vaterfigur des Zauberers angewiesen. Er ist zu Tode verwundet und muß von ihm geheilt werden. Es ist nun ganz interessant, zu erleben, wie das vorher blinde Vertrauen des charmanten Königs in ein blindes Mißtrauen umschlägt und er sich auch wieder ohne jede Prüfung der realen Sachverhalte gerade von Florine verraten glaubt und in ihr die Urheberin seines Unglücks sieht. Das ist um so merkwürdiger, als sie ihrerseits seinetwegen Strafen, Isolation und Einsperrung auf sich genommen hat. Sie hat zwei Jahre lang so wie er treu und liebevoll zu der Beziehung gestanden, obwohl ihr charmanter Prinz jetzt »nur« ein Tier war, das ihr zwar Schmuckstücke bringen konnte, aber all ihre Bedürfnisse nach menschlicher Nähe, Wärme und

Zärtlichkeit enttäuschen mußte. Am Ende dieser ganzen Episode steht unser König dort, wo er bereits vor zwei Jahren gewesen war, als er von Truitonne in den Palast der Sussio entführt wurde. Trotz der Vermittlung des Zauberers kann er erst in eine menschliche Gestalt zurückkehren, als er einwilligt, Truitonne nun doch zu heiraten. Das einzige, was er erreichen kann, ist das Jahr Wartefrist, das es schließlich Florine ermöglicht, ihn von diesem Schicksal zu erlösen. Von jetzt an bleibt unser Heros passiv und wartet nur den weiteren Gang der Ereignisse ab. Selbst als er den Schmuck wiedererkennt, den Florine Truitonne verkauft, ist seine einzige Äußerung, daß dieser sein ganzes Königreich wert sei. Aktive Nachforschungen aber, um etwa festzustellen, woher dieser Schmuck kommt, unternimmt er nicht. Im Gegenteil: Seine Tendenz, in die Traumwelt des Opiums zu flüchten, da er mit der ihm aussichtslos erscheinenden Situation innerlich nicht fertig wird, macht die Versuche Florines, die Beziehung zu ihm wieder aufzunehmen, fast zunichte. Zweimal klagt sie vergeblich in der klingenden Kammer, und erst beim dritten Mal taucht hier ein hilfreicher Kammerherr, offensichtlich ein positiver männlicher Gegenpol zu den negativen Kammerfrauen am Hofe von Florines Vater, auf, der ihm das Opium heimlich entzieht und damit die Vereinigung der Liebenden ermöglicht.

Nun geschieht etwas, was wir als Parallele in dem vorher erzählten indischen Mythos des Buddha so charakteristisch wiederfinden können: Um das Böse, verkörpert in der Figur des Liebes- und Todesgottes mit seinen begehrlichen, üppigen Töchtern, in seine

Schranken zu weisen und seine Macht zu brechen, muß der Buddha die positive Seite der großen Mutter Erde anrufen, denn diese allein ist in der Lage, dem dämonischen Gott, der dem Animus einer negativen Mutterfigur entspricht, zu begegnen. Das gleiche Phänomen stellt sich in unserem Märchen dar: Charmant, Florine und der Zauberer zusammen, selbst mit dem Recht auf ihrer Seite, sind allein nicht in der Lage, die dämonische Macht von Sussio und Truitonne zu brechen und diese beiden unschädlich zu machen. Erst das Hinzutreten der Schwester der Sussio, der mütterlich-hilfreichen Fee, der Florine zum ersten Mal in der Gestalt der alten Bäuerin begegnet ist, kann den lebenden und lebensbejahenden Kräften zum Sieg verhelfen und das Böse in seine Schranken weisen. Durch das Hinzutreten und die Macht dieser positiven Mutterfigur wird auch der Heros endgültig aus seiner Verzauberung in einen Vogel und aus seiner lebensverneinenden Depression (Traurigkeit und Opium) erlöst. Seine eigene psychische Leistung besteht charakteristischerweise nicht darin, einen herkulischen Kampf durchgeführt, sondern eine unerträgliche, überwältigende Situation über einen Zeitraum von drei Jahren durchgestanden und ertragen zu haben.

Der Umgang mit dem Bösen

Truitonne aber, als sie hörte, was sich ereignet hatte, eilte zum König und fand dort ihre schöne Rivalin. Aber es wurde ihr keine Zeit gelassen, den Mund zu öffnen, denn der Zauberer und die Fee verwandelten sie schnell in eine Sau, damit sie wenigstens einen Teil ihres Namens nebst ihrem grunzenden Charakter behielt. Der König Charmant und die Königin Florine aber, glücklich, von einem so verabscheuungswürdigen Wesen befreit zu sein, dachten nur noch an ihre Hochzeit, und man kann sich denken, wie glücklich sie nach so langem Unglück waren.

Charakteristisch und mich an das orientalische Prinzip erinnernd ist dann der Ausgang des Märchens. Das Böse wird nicht vernichtet. Sussio, der dämonische, negative Aspekt des Mutterarchetypus, wird überhaupt nicht angetastet. Von ihrer Bestrafung oder gar Vernichtung ist an keiner Stelle die Rede, sondern sie scheint ein notwendiger Gegenpol der hellen, hilfreichen, liebevollen und fürsorglichen mütterlichen Seite zu sein, der nicht angestastet werden darf. Das schreckliche Schicksal, das am Ende vieler Märchen der Gebrüder Grimm den bösen Hexen bereitet wird, wie bei »Hänsel und Gretel« im

Feuer des Backofens verbrannt zu werden oder sich wie bei »Schneewittchen« in glühenden Pantoffeln zu Tode tanzen zu müssen, bleibt ihr erspart. Auch ihre Tochter Truitonne wird nicht umgebracht oder vernichtet, sondern es erscheint nur so, als ob hier Gleiches mit Gleichem vergolten wird, indem sie das Schicksal erleidet, das der König Charmant vorher erleben mußte. Sie wird, ihrem Namen entsprechend (Truit), in ein Tier zurückverwandelt, in ein Schwein, und behält so wenigstens einen Teil ihrer Identität, das heißt einen Teil ihres Namens und, wie es im Märchen heißt, ihren grunzenden Charakter. Phantasiert man das Ende des Märchens noch einmal weiter, so ist die Verwandlung der Truitonne in ein Tier als Strafe oder Unschädlichmachung doch sehr problematisch. Wir wissen ja, daß Sussio genauso wie ihre helle Schwester die Fähigkeit besitzt, Menschen in Tiere zu verwandeln oder Tiere wieder in Menschen zurückzuverwandeln. Da nirgendwo davon die Rede ist, daß ihr diese Fähigkeiten oder ihre Macht genommen worden sind, dürfte es ihr ein leichtes sein, aus der Sau-Tochter wieder die häßliche menschliche Truitonne zu machen.

Man kann sich nun die Frage stellen: Wie kommt dieses ungewöhnliche, auf den ersten Blick sehr leichtfertig wirkende Ende, in dem das Böse nicht vernichtet, sondern nur abgewehrt wird und erhalten bleibt, das aber bei näherer Betrachtung das abendländische Ausrotten des Bösen offenbar an Weisheit übertrifft, in ein europäisches Märchen hinein? Wir sind immer geneigt – und unsere Märchen spiegeln das wider –, das Böse endgültig vernichten zu wollen,

43

damit das Gute triumphiert. Wieviel unendlich Böses aber gerade unsere moralischsten Puritaner und Ideologen des nur Guten und Hellen angerichtet haben, davon zeugt die ganze Geschichte unserer Zivilisation, angefangen von der Inquisition bis zur Ausrottung ganzer Völker, in denen das eigene Dunkle und Primitive gesehen wurde. Offensichtlich geht es in diesem Märchen um die Anerkennung und Bewußtmachung einer lunaren, mondhaften weiblichen Komponente, die dem abendländischen Ich-Komplex, der mit dem solaren, sonnenhaften Heros identifiziert ist, bislang unbewußt geblieben war und ist. Eine Komponente, die offensichtlich gegenläufig zum kollektiven Bewußtsein ist und von diesem her als negativ abqualifiziert wird. Der Heros dieses Märchens ist eben, wie man in moderner Sprache sagen würde, ein Softy, ein Männertyp also, der erst in den letzten Jahrzehnten mit einer immer stärker werdenden Emanzipation des Weiblichen eine gewisse Anerkennung gefunden hat und bis dahin abklassifiziert wurde, da er nicht den herrschenden Idealvorstellungen eines männlichen Mannes und Kriegers entsprach. Die recht interessante Herkunft dieses Märchens zeigt uns, wie unterhalb einer vorherrschenden Bewußtseinseinstellung schon zu einer Zeit, in der von emanzipatorischen Bestrebungen der Frau im Bewußtsein noch keine Rede sein konnte, diese andere Komponente im Unbewußten lebendig war.

Die heute vorliegende Fassung des Märchens vom blauen Vogel stammt aus dem Ende des 17. Jahrhunderts, geraume Zeit vor den Gebrüdern Grimm, und ist von der Gräfin d'Aulnoy aufgeschrieben oder nacherzählt worden. Es gilt als eines der geschmackvollsten aus der voluminösen Sammlung der Feenmärchen, die in dieser Zeit entstanden sind und deren Einfluß bis tief in die folgenden Jahrzehnte reichte. Auch in den Märchen der Gebrüder Grimm wird dieser Einfluß sichtbar. Die eigentlichen Quellen der Volkserzählungen in Frankreich gehen, soweit es geschichtlich faßbar ist, auf Gallier, Römer und Franken zurück und haben dementsprechend keltischen, römischen und germanischen Ursprung. Bereits im 12. Jahrhundert erzählt der Märchenerzähler Yvonek der Marie de France von dem tragisch endenden Besuch eines in einen Vogel verwandelten Liebhabers bei der im Turm eingeschlossenen Geliebten. Dieses dürfte der eigentliche Kern des Märchens sein, wobei die ganze Erzählung von der Suchreise der Florine und das schließliche Happy-End sicher aus der Phantasie der Gräfin d'Aulnoy stammen. Diese hat nicht, wie die Gebrüder Grimm, Volksmärchen nur getreu den verschiedenen Varianten ihrer Erzähler niedergeschrieben, sondern benutzte die ursprünglichen Märchenstoffe, um sie mit ihrer eigenen poetischen Phantasie auszuschmücken und zu gestalten. So hat sie zum Beispiel in ihren Roman »Histoire d'Hypolit« (1690) ein ganzes Volksmärchen eingewebt und eine ganze Reihe sogenannter »Contes des Fées«, in denen auch »Der blaue Vogel« enthalten ist, publiziert. Sie ging dabei mit dem Stoff der Volksmärchen, die sie als Grundlage ihrer Contes benutzte, nach Belieben um. Sie paßte sie auch dem Geschmack ihrer Epoche an, was man in dem Märchen vom blauen Vogel sehr deutlich an dem Inhalt der letzten beiden Eier, die Florine von der guten Fee bekommen hatte, sehen kann. Sowohl die Mäusekutsche als auch die singende, sprechende Vogelpastete erscheinen nicht mehr so sehr als echte Symbole, sondern als kunstvolle Gebilde, an denen sich diese Epoche erfreute. Auch der Ausgang des eigentlichen, frühen Volksmärchens ist, wie bereits gesagt, offenbar ein anderer und tragischer. Dem in einen Vogel verwandelten Liebhaber gelingt die Befreiung nicht, und das noch schwache männliche Ich verfällt der dämonischen Seite des Mütterlichen. Wir haben also in diesem Märchen kein reines Volksmärchen vor uns, aber man kann wiederum auch nicht von einem reinen Kunstmärchen sprechen, sondern es handelt sich um eine Kombination aus beidem, die von einer Autorin kreativ gestaltet wurde. Man wird also den Frauen (die Gräfin d'Aulnoy war nicht die einzige), die bereits Ende des 17. Jahrhunderts ihre Feenmärchen schrieben, schon eine zwar noch unbewußte, aber doch deutlich vorhandene Emanzipierung des Weiblichen zuschreiben müssen, in der andere Werte vertreten wurden, als sie das herrschende Bewußtsein anstrebte, selbst wenn man berücksichtigt, daß in den französischen Märchen weit weniger moralisiert wird als in den deutschen.

Der alternative Held

*Schließlich verlor die Fee die Geduld und befahl
Charmant, zwischen der Heirat mit Truitonne und
einer siebenjährigen Verwünschung zu wählen.
Der König, der bisher geschwiegen hatte, rief:
»Tut, was Ihr wollt, wenn ich nur von dieser abscheu-
lichen Person befreit werde!«*

Unter Berücksichtigung dessen, was wir im Vorangegangenen über das Verhalten des Königs und
die Entstehungsgeschichte des Märchens erfahren
haben, möchte ich noch einmal auf den Typus dieses
»charmanten« Heros zurückkommen. Ich habe
absichtlich sowohl seine negativen Züge wie seine
Passivität, seine blinde Vertrauensseligkeit, seine
leichte Verführbarkeit und sein Ausgeliefertsein her-
vorgehoben, aber auch gleichermaßen seine positiven Eigenschaften: die mutige Verweigerung, mit der
er lieber die Verwandlung in den Vogel auf sich
nimmt, als Truitonne zu heiraten, sein treues Festhalten an der Geliebten auch als Vogel, die Großzügigkeit der Geschenke, seine auch wieder liebenswerte
Spontaneität. Da er sich doch recht deutlich von den
immer siegreichen, nur mit hellen Eigenschaften aus-
gezeichneten Heroen anderer Märchen unterschei-

det, möchte ich ihn, der soviel mehr in das große Weibliche eingebettet ist und diesem nahesteht, als den Typ des »lunaren« Heroen bezeichnen. Das Weibliche steht im Erleben unserer ganzen Kultur dem Mond und der Mondgöttin Selene mit dem mehr zyklischen Prinzip und dem milden Licht, das die Gegensätze eher verbindet als sie scharf trennend hervorzuheben, viel näher, und die ganze Symbolik, auf der die Kulturgeschichte unserer Zivilisation aufbaut, hat dem Weiblichen immer das lunare Prinzip zugeordnet, im Gegensatz zum solaren, dem sonnenhaften, dessen Symbolik mehr das Männliche bezeichnet. Die dem Mutterarchetyp zugeordneten männlichen Figuren wie zum Beispiel die Jünglingsgeliebten der großen Muttergottheiten oder die Jahreskönige in den früheren, mehr matriarchal akzentuierten Kulturen, die immer wieder geopfert wurden und immer wieder auferstanden, haben mit der Entwicklung des Patriarchats sicher zu Unrecht eine erhebliche Abwertung gegenüber jenen solaren männlichen Heroenfiguren erfahren, die kämpfend und siegend die Übermacht der großen Mutter brechen und deren letztes Ziel in der Regel die Vernichtung der Mutterfigur in ihren dunklen und negativen Aspekten in Form von Mutterüberwindung und Muttertötung ist. Sie werden als die eigentlichen Identifikationsfiguren angesehen, ob sie nun, wie im alten Babylonien, Marduk heißen, der gegen die große Mutter Thiamat kämpft, sie zerstückelt und aus ihrem Leib Erde und Himmel schafft, ob es im hellenischen Raum Figuren sind wie Herakles, Theseus, Odysseus oder Achill oder auch im Märchen von den zwei

Brüdern derjenige, der die Hexe überwindet, oder der Prinz im »Schneewittchen«, wo überall die böse Mutterfigur getötet und vernichtet wird.

Dies hat eine psychologische Berechtigung, die eng verbunden ist mit der menschlichen Ich-Entwicklung. Wenn wir einmal davon ausgehen, daß es sich in diesen Mythen und Märchen nicht um Außenwelterlebnisse handelt, sondern um eine Auseinandersetzung in der Innenwelt des Menschen, dann können wir diese Erzählungen unter einem anderen symbolischen Aspekt sehen. Die Figuren und Motive der Märchen entsprechen einer magisch-mythischen Schicht unserer Seele, die unterhalb des rationalen Bewußtseins auch beim erwachsenen Menschen immer noch lebendig bleibt. Das in dieser Schicht enthaltene Trieb- und Instinktbewußtsein entwickelt ein Bildgeschehen, in dem magische und mythische Motive, Bilder, Identifikationen, Reaktionen, Haltungen, Verhaltensweisen und Praktiken nebeneinander bestehen. Diese Schicht der frühen Bewußtseinsentwicklung und einer Weltauffassung, die komplex und bildhaft denkt, ist auch der früheste Ursprung des Geistes. Selbst wenn wir uns heute von diesem Bildbewußtsein fortentwickelt haben und zu Recht stolz auf unsere rationale Welterfassung sind, bleibt diese Schicht in uns doch immer weiter lebendig. Sie ist sogar als eine Schicht emotional hochaufgeladener Bilder und Phantasien die Grundlage aller seelischen Neuerwerbungen sowie aller Wandlungs- und Reifungsvorgänge eben auch in der Psyche des Erwachsenen. Selbst kreative wissenschaftliche Neuerwerbungen bis in den Bereich der reinen Naturwissenschaften hinein wurzeln zunächst in dieser Ebene und werden auch erst aus ihr heraus in die rationale Sprache der Abstraktionen hinein übersetzt, eine Tatsache, die heute in weiten wissenschaftlichen Kreisen durchaus bekannt ist.

Wir müssen also in diesem Sinne ein Märchen als ein innerseelisches Drama verstehen, das sich in der Seele des Menschen abspielt, die, wie Jung es einmal ausgedrückt hat, nicht nur den Dichter, den Regisseur und den Bühnenbildner, sondern auch gleichzeitig alle Figuren als Schauspieler darstellt. So ist von der Psychologie her das Märchen ähnlich wie ein Traum zu verstehen, nur mit dem Unterschied, daß es sich nicht um den Traum einer individuellen Person handelt, sondern um ein kollektiv typisches Geschehen, in dem das individuelle Alltagsleben gar keine oder nur eine sehr geringe Rolle spielt.

Die Entfaltung der menschlichen Seele von der frühesten Kindheit an verläuft in einem Reifungs- und Entwicklungsprozeß, der sicher seine größte Dichte in der frühen Kindheit hat, sich aber nichtsdestoweniger durch das ganze menschliche Leben hindurch fortsetzt und die seelische Bewältigung und Umorientierung in all den verschiedenen Lebensphasen und den besonderen Situationen, denen sich der Mensch in dieser Welt ausgesetzt fühlt, umfaßt. Seele ist aber nicht nur Antwort auf die Umwelt, sondern auch eigene kreative Gestaltung, die von ihrer Seite her wieder auf die Umwelt des Menschen übergreift, sei es im individuellen, persönlichen Bereich, sei es auch im kollektiven Bereich der Kultur- und Zivilisationsentwicklung, und diese teils kreativ, teils destruktiv verändert. Innerhalb dieses Prozesses muß sich der Mensch mit seiner Innenwelt auseinandersetzen und es lernen, mit den vielen verschiedenen Trieb- und Instinktbedürfnissen sowie mit den unterschiedlichsten Persönlichkeitsanteilen, die in ihm leben, umzugehen, um ihnen gegenüber das Gefühl einer sich immer wieder verändernden Einheit und Ganzheit zu entwickeln, mit deren Hilfe er die Aussage machen kann: »Das bin ich selbst.« In unserer Innenwelt aber treten alle diese Vorgänge, seien es Triebe, Impulse, Wünsche, Vorstellungen, Phantasien, Persönlichkeitsanteile oder instinktive Sehnsüchte, als Bilder und Symbole auf, und eben die Auseinandersetzung mit derartigen kollektiven Bildern und Symbolen, die unseren Reifungs- und Entwicklungsprozeß beinhalten, zeigen uns die Märchen.

Aus einem Zustand diffuser Trieb- und Instinktbedürfnisse, denen der Säugling noch hilflos ausgeliefert ist und die er nur mit Hilfe einer guten Mutter bewältigen kann, muß sich im Verlaufe unserer Sozialisation allmählich ein Ich-Komplex entwickeln, der in der Lage ist, Steuerungen zu übernehmen, Frustrationen zu ertragen, Teile zusammenzufügen und in eine Organisation zu bringen, archaisch-gefährliche Impulse abzuwehren; aber auf der anderen Seite muß dieser Ich-Komplex auch wieder die Fähigkeit besitzen, für das Unbewußte durchlässig zu sein, um im Sinne weiterer Entwicklung und Entfaltung neue Erlebnisse in symbolischer Form aus der inneren Welt durch Träume, Phantasien und Vorstellungen aufzunehmen und zu verarbeiten. Letztendlich entsteht in der menschlichen Seele in Form dieses Ich-

Komplexes ein außerordentlich kompliziertes und differenziertes Gebilde, dessen Studium seit Jahrhunderten die Menschen beschäftigt und über das unzählige Bücher geschrieben worden sind. Hier können wir nur in großen Zügen auf diesen Tatbestand hinweisen.

So ist das Unbewußte der Mutterboden, aus dem unser Ich überhaupt erst hervorgeht und als solches gebildet wird. Es bleibt aber durch das ganze Leben hindurch auch immer der Sohn oder die Tochter dieser innerseelischen großen Mutter, von der es sich zu seinem Nutzen nie ganz lösen kann. Solange das Ich reifen und sich entwickeln will, solange es plastisch bleiben will und offen für etwas Neues, ist es genötigt, immer wieder in das Unbewußte hinabzutauchen, das heißt in die Mutter zurückzukehren, um dann im Sinne einer Wiedergeburt, einer »Renaissance«, verjüngt und versehen mit neuen Inhalten und Werten, wieder aufzusteigen und seinen alten Platz wieder einzunehmen. Hier finden wir die Weisheit wieder, die jene Jünglingsgötter der großen Muttergottheiten verkörpern, die immer wieder geopfert werden müssen und immer wieder auferstehen. Auch in der Figur unseres christlichen Jesus von Nazareth finden wir dieses Geschehen von Tod und Wiedergeburt als etwas immer Wiederkehrendes und immer wieder sich neu Vollziehendes in der christlichen Messe und Kommunion wieder. Trotz aller patriarchalen Überlagerung schimmert auch hier dieser matriarchale Hintergrund durch.

Im Gegensatz zu diesem Geschehen von einer regressiven Rückkehr des Ich-Komplexes in das

Unbewußte, um sich dort zu erneuern und wiederzu-
kehren, spielen nun auch andere Ich-Funktionen eine
wichtige und zentrale Rolle. Im Grunde genommen
muß das Ich einen mühsamen Befreiungskampf führen, der es von seinem unbewußten Hintergrund
loslöst und unabhängig macht. Wenn wir all unseren
Impulsen, all unseren Launen und all unseren Gefühlen, Wünschen und Sehnsüchten hilflos ausgeliefert
wären, wäre keine menschliche Gemeinschaft denk-
bar und würden wir auch als einzelne in dieser Welt
kaum die Fähigkeit zum Überleben besitzen, da wir
nicht mehr, wie das Tier, die kluge Eingebundenheit
in die jeweils spezielle Umgebungsnatur besitzen, die
dessen Leben eben auf dieser festen Instinktbasis so
gut wie möglich schützt. So ist das Unbewußte für uns
nicht nur die gute Mutter, in die wir wieder eintauchen können, um uns zu erneuern, sondern auch die
böse, festhaltende Hexe, die uns oft mit überlegenen
Kräften zu umklammern droht. Sei es auch nur, daß
wir morgens nicht aus dem Bett kommen, bei der
Arbeit keinen klaren Gedanken fassen können, weil
irgend etwas in uns es verhindert; sei es, daß wir uns
von Ängsten überfluten lassen oder chaotische
Impulse durchbrechen, durch die wir uns selbst und
andere unglücklich machen. Diese kämpfende Posi-
tion gegen die negative, festhaltende Mutterfigur,
diese Loslösung vom Unbewußten, diese Verselbständigung des Ich mit der Entwicklung des freien Wil-
lens ist weitgehend symbolisiert in der Figur des
solaren Heros, der sich in unzähligen Kämpfen von
den negativ-dämonischen Kräften der Mutter befreit,
um seinen eigenen Weg zu gehen.

Gerade dieses letztere, die solar-heroische Funktion des Ich und der Kult des männlich-kämpfenden Heros, hat in unserer Kultur immer sehr weitgehend im Vordergrund gestanden. Es hat zu einer oft sehr einseitigen und starren Entwicklung des Bewußtseins geführt, das in der negativen Seite des Mutterarchetyps nur etwas Böses und zu Vernichtendes gesehen hat. Wir können diese Überbetonung und ihre zerstörerischen Folgen an einer bestimmten Problematik erkennen, in die uns unser »heroischer« Kampf gegen die Mutter geführt hat:

Wie für alle Lebewesen auf dieser Welt sind auch für den Menschen Mutter Natur und Mutter Erde der große Mutterarchetyp, in dem er geboren wird, der ihm das Leben ermöglicht und in den er im Tode wieder zurückkehrt. Erde und Natur bieten aber auch im menschlichen Leben außerordentlich bedrohliche und furchtbare Seiten. Wir sind oder wir waren Naturkatastrophen hilflos ausgeliefert, Mißernten und Hunger gehören heute noch zur Regel, wir sind Krankheiten und Behinderungen ausgesetzt, die nicht nur Zivilisationsschäden sind, und der frühe Mensch lebte im Gegensatz zu uns in einer derartig gefährlichen Welt, daß er nur in einem geringen Umfang sein natürliches Alter erreichen konnte. Mit einer geradezu ungeheuren Anstrengung haben wir über die Jahrtausende hin gegen diese negative Mutter Natur gekämpft, sind, wie es die Bibel so schön sagt, unter dem Motto angetreten: »Macht euch die Erde untertan!« Wenn ein kleiner Teil der Menschheit heute ohne Angst vor Hunger oder vor natürlicher Not, geschützt in sicheren und warmen Häusern und nicht mehr allen klimatischen Unbilden ausgesetzt, leben kann und die gute Chance hat, das »biblische Alter« mit den entsprechenden gesicherten Pensionen zu erreichen, so ist das die Frucht unseres solaren Heroenkampfes gegen die Natur, die wir in einem kaum glaubhaften Maße verändert haben, um sie unserer Herrschaft zu unterwerfen.

Erst in den letzten Jahrzehnten mehren sich die Zweifel, ob dieser Weg der richtige gewesen ist, denn es scheint doch so zu sein, daß diese Mutter Natur in ihren hellen, positiven, ernährenden und pflegenden Aspekten sowie in ihren dunklen, negativen und dämonischen eine Einheit darstellt, die man nicht auseinanderreißen kann, um die eine Hälfte zu überwinden und zu töten und mit der anderen in einer paradiesähnlichen, vom Menschen geschaffenen guten Welt zu leben. Unterdrückt oder vernichtet man die eine Seite, so wandert offenbar ihr destruktives Potential in die andere hinein, so wie zum Beispiel unsere menschliche Fruchtbarkeit und der Erhalt unseres Lebens mit der zunehmenden Überbevölkerung unseres Planeten von etwas Schönem und Wünschenswertem zu etwas Destruktivem und Gefährlichem geworden ist. Auch alle anderen schweren Zerstörungen unseres Ökotops, in dem wir leben und die wir gar nicht einmal böswillig hervorgerufen haben, sondern in der guten Absicht, uns selbst das Leben schöner, bequemer und lebenswerter zu machen, zeigen heute eine derartig bedrohliche Entwicklung, daß nach Ansicht der meisten ernsthaften Wissenschaftler das menschliche Leben auf diesem Planeten einer Katastrophe zusteuert.

Das gleiche gilt für unsere innere Welt und unsere psychische Situation. Mit der Ausbildung von immer mehr Ich-Stabilität und Ich-Stärke, mit dem Versuch – um es einmal so auszudrücken –, den »inneren Schweinehund« in uns zu vernichten und zu töten, anstatt sich mit ihm auseinanderzusetzen und mit ihm zu leben, mit der Entwicklung von immer mehr einseitiger Rationalität und Kopflastigkeit haben wir weitgehend unsere Gefühlswelt, unsere lebendige Spontaneität, unsere Farbigkeit und unsere Beziehungsfähigkeit eingebüßt. Auch hier läßt sich die Natur nicht vergewaltigen, und wir leben in einer Welt mit einer erschreckenden Zunahme von Neurosen, Suchterkrankungen, Geisteskrankheiten und Perversionen. Wir leben in einer Welt, in der wir unserer Jugend kein Sinngeschehen mehr vermitteln können und keine lebendige seelische Entwicklung, an der sie sich orientieren und mit der sie sich auseinandersetzen kann. Erst jetzt, nachdem diese äußere und innere Gefährdung des Menschen so deutlich geworden ist, fangen wir an, uns darüber Gedanken zu machen, wie wir diesen Zustand ändern können und wie wir aus diesem heroischen Kampf um die Herrschaft herauskommen können zugunsten eines ausgewogenen Gleichgewichts zwischen dem Menschen und seiner inneren und äußeren Natur.

Kehren wir unter diesem Aspekt noch einmal zu der Figur des lunaren Helden zurück, wie er in unserem Märchen dargestellt ist. In das Innerseelische übertragen, verkörpert diese Figur hier ganz offensichtlich andere Ich-Funktionen als die, die wir bei der Beschreibung und beim Studium des solaren

Heros gefunden haben. Man könnte die Geschichte des Königs Charmant fast unter den Ausspruch stellen, den Rilke einmal gemacht hat: »Wer spricht von Siegen, Überstehen ist alles.«

Unser Unbewußtes enthält als Ursprungsstätte und Quelle aller psychischen Energie Kräfte, die dem Ich in vieler Beziehung weit überlegen sind und gegen die jeder noch so heroische Kampf, jedenfalls im Moment, von vornherein aussichtslos ist. Diese symbolisieren sich in unseren Träumen häufig als übermächtige Figuren wie Götter, Dämonen oder wie hier in diesem Märchen als mächtige Hexe. Innere und äußere Situationen dieser Art erlauben dann keinen Kampf und keine Lösung durch Aktivitäten, sondern die einzige Möglichkeit, die dem Ich-Bewußtsein übrigbleibt, wenn es sich nicht völlig auflösen will, ist die der Verweigerung, die wir auch in diesem Märchen finden. Es bleibt nur die Möglichkeit, die Situation, in die man schuldig oder unschuldig hineingeraten ist, zu ertragen, auszuhalten und eine mehr oder minder häßliche Ersatzlösung (Truitonne) zu verweigern, mit der uns die Hexe verführen will, um dem Konflikt auszuweichen. Wie oft sind wir doch in einer Situation wie König Charmant, in der alle unsere Sehnsucht und alle unsere Begierden auf etwas gerichtet sind, das wir, mindestens zum augenblicklichen Zeitpunkt, auf keinen Fall erreichen können, und wir lernen meistens viel zuwenig, diese Geworfenheit des Menschen in aussichtslose Situationen zu ertragen und sie auszuhalten, anstatt um jeden Preis den Versuch zu machen, ihr zu entgehen. Vom Standpunkt der Ich-Psychologie her handelt es sich hierbei um den Erwerb einer Kontrollfunktion, die das Ich befähigt, auch in besonders schwierigen Situationen einen Spannungsbogen zwischen Trieb und Impuls und dessen Ausführung durch Warten-Können und konstruktive Passivität zu halten, ohne in chaotisch-impulsive Handlungen zu verfallen. Diese mehr passiv-weibliche Fähigkeit, etwas abwarten zu können, etwas reifen lassen zu können, ohne selbst sofort zu handeln – so wie eine Frau etwa die neun Monate einer Schwangerschaft bis zum natürlichen Geburtstermin abwarten muß, auch wenn es manchmal noch so lästig und unpassend ist, weil ihr nichts anderes übrigbleibt und hier das vorschnelle Handeln nur zu einem katastrophalen Ergebnis führen könnte – eben gerade diese Haltung ist in unserer Zivilisation sehr wenig entwickelt. Wir neigen immer dazu, die großen Macher sein zu wollen, die in der Lage sind, jedes Problem zu manipulieren oder zu handhaben, und deren erste Frage in einer Konfliktsituation immer die ist: »Was kann ich tun?« Uns fehlt ein großes Stück von der Weisheit, die Laotse im Tao te king so unnachahmlich ausgedrückt hat:

»Ohne hinaus zu gehen – kann man draußen sein.
Ohne hinaus zu sehen – kann man schauen.
Weit hinausgehen – verhindert einzugehen.
Je näher man der Welt ist – desto weniger sieht man von ihr.
Also der Erwachte: Er erfährt Fernstes – ohne zu wandern.
Er erkennt – ohne zu kennen.
Er vollendet – *ohne zu handeln.*«

Handeln würde in unserem Falle bedeuten, den Weg der Hexe zu akzeptieren und Truitonne zu heiraten, etwas, worauf der König ja auch sehr viel später in einer anderen Situation, auf die wir noch einmal zurückkommen werden, schließlich eingehen muß. Hier aber wäre es falsch, denn es würde den endgültigen Verlust der Anima-Figur und damit der positiven Gefühlsseite bedeuten. Wie das Märchen es in seiner Handlung ja ausführt, schafft erst die Verweigerung und die dadurch gewonnene Zeit von mehreren Jahren die Möglichkeit, daß sich in dem Königreich der Florine etwas ändert, sie ihre Freiheit wieder erhält und die böse Königin und ihre Tochter entmachtet werden. Es handelt sich hier um einen Schicksalsverlauf, bedingt durch den Tod des alten Königs und die Revolte des Volkes in Florines Reich, der sich zugunsten des Königs Charmant auswirkt, den er aber nie hätte auslösen können und der jenseits seiner aktiven Handlungsfähigkeit lag.

Diese Verweigerung ist offensichtlich ein Prozeß, den der Ich-Komplex nicht ohne Schaden und ohne Aufgabe seiner alten stabilen Formationen durchstehen kann. Die überlegene Dynamik treibt den König in eine Regression, die ihn seine menschliche Gestalt verlieren läßt. Sie verwandelt ihn in einen Vogel und damit in ein phylogenetisch viel früheres animalisches Wesen, dessen Erbschaft der Mensch auch heute noch in sich trägt.

Der blaue Vogel

Indessen flog der blaue Vogel unaufhörlich um das Schloß, wo er seine geliebte Prinzessin eingeschlossen wußte. Aber aus Furcht vor der bösen Königin sang er nur nachts.

Wir haben an dieser Stelle die Frage aufzuwerfen, was es mit dem blauen Vogel auf sich hat, welche Bedeutungsinhalte sich mit diesem Symbol verknüpfen. Vögel sind, wie alle gefiederten Luftwesen, sehr häufig Symbole von Ideen und Phantasien, denen wir auch jene luftigen und hochfliegenden Qualitäten zuordnen, in denen sich der Vogel bewegen kann. Der Vogelflug eignet sich auch besonders als Symbol für einen Zwischenträger, einen Boten zwischen dem Himmel und der Erde, das heißt einer väterlichen Geist-Seite und einer irdischen, materiellen Erd-Seite. Genauso wie die Engel symbolisieren die Vögel oft einen höheren, spirituellen Bewußtseinszustand des Seins. In der chinesischen Literatur tauchen im Gewand von blauen Vögeln unsterbliche Feen auf, die als himmlische Boten dienen. Sowohl im Abendland als auch in Indien sitzen sie oft hierarchisch geordnet auf dem Weltenbaum. Im moslemischen Glauben werden durch sie auch Seelen symbolisiert, die sich auf der Suche nach der Initiation befinden. Im alten Rom dienten sie als Orakel, und in ihrem Gesang wurde eine himmlische Sprache vermutet. Auch in der keltischen Welt ist der Vogel im allgemeinen der Bote oder der Helfer der Götter und der jenseitigen Welt.

Die Verbindung des Vogels mit der menschlichen Seele finden wir bereits im alten Ägypten, wahrscheinlich schon in vorgeschichtlicher Zeit. Ein Vogel als Kopf eines Mannes oder einer Frau symbolisiert dort die Seele eines Verstorbenen oder die eines Gottes, der die Erde besuchte. Die Vorstellung vom Seelenvogel und die Identifikation des Todes mit einem Vogel sind schon in den archaischen Religionen des Vorderen Orients nachgewiesen. Auch das ägyptische Totenbuch beschreibt den Tod als einen Falken, der sich in die Luft schwingt, und in Mesopotamien entfernen sich ebenfalls die Gestorbenen in der Gestalt eines Vogels. Oft können sich auch die Schamanen in Vögel verwandeln und zum Weltenbaum fliegen, um dort Rücksprache mit den Seelenvögeln der Verstorbenen zu halten. Im Koran ist das Wort Vogel oft gleichbedeutend mit dem Schicksal: »Am Hals jedes Menschen haben wir seinen Vogel angeheftet« (Koran 17,13). Nach Ibn Haldûn handelt es sich bei dem Symbol des Vogels um eine Fähigkeit der Seele, mit dem Unbekannten zu sprechen, was von einer starken und kraftvollen Imagination zeugt.

Es gibt aber auch einen negativen Pol der Vogelsymbolik: Der heilige Jean de la croix sieht in den Vögeln die Symbole einer leichtfertigen und flüchtigen Imagination, die zu einer seelischen Zersplitterung und Auflösung führen kann. Das chinesische Tao sieht in ihnen auch eine unkontrollierte und vergewaltigende Spontaneität. In China ist das Chaos durch einen gelben und einen roten Vogel symbolisiert, ohne Gesicht, aber ausgerüstet mit sechs Füßen und vier Flügeln; sie können tanzen und singen, aber nicht essen und atmen.

Die esoterische Tradition stellt, was für uns hier besonders interessant ist, Beziehungen her zwischen den verschiedenen Farben der Vögel und den psychischen Triebkräften. Der Rabe als schwarzer Vogel gilt als das Symbol der Intelligenz. Der Pfau als grüner und blauer Vogel symbolisiert das Trachten und Sehnen im Liebesbereich. Der weiße Schwan dagegen erzeugt das körperliche Leben und gleicherweise auch durch den Logos das spirituelle Leben. Der rote Phönix schließlich gilt als das Symbol des sublimen Göttlichen und der Unsterblichkeit. Zu dieser Aufstellung gibt es noch eine Unzahl von Varianten, wobei auch hier wieder in einer Parallele zu unserem Märchen die Nachtvögel die lunaren und irdischen Werte repräsentieren.

Zieht man aus diesen Symbolbedeutungen, die sich mit dem blauen Vogel verknüpfen, die für uns wichtigen und maßgebenden heraus, so wird hier zunächst einmal deutlich, daß dieser blaue Vogel in einem sehr engen Zusammenhang mit der tiefen Liebessehnsucht des Königs steht. Mit der Symbolik des Vogels wird offenbar die nicht-materielle, nicht-körperliche, die spirituelle Seite und damit mehr die seelische Liebe als die triebmäßige Leidenschaft bezeichnet. Dies wird auch darin erkennbar, daß der König in der Gestalt des Vogels die Eigenschaften, mit denen eine körperliche Annäherung der Liebenden möglich wäre, verloren hat. Offenbar steckt andererseits in dieser Symbolik aber auch das ganze ungezügelte Element seiner Leidenschaft, das ihn in diese für ihn so folgenschwere Falle gelockt hat, als er in der nächtlichen Begegnung Truitonne leichtgläubig mit Florine verwechselte.

Die Liebe, in der der König Charmant zu der Prinzessin Florine entbrannt ist, wird zunächst, wie so häufig nicht nur im Märchen, sondern auch in der Realität, nur durch ihre körperliche Schönheit ausgelöst. Im Grunde genommen kennen die beiden sich überhaupt nicht und wissen nichts über das Wesen und den Charakter des anderen, der hinter dieser äußeren Schönheit liegt. In der ersten Reaktion auf eine plötzliche Verliebtheit in einen anderen Menschen handelt es sich sehr häufig um ein transpersonales Geschehen auf der Instinktebene, das mit bestimmten äußeren Merkmalen des anderen korrespondiert und eine gewisse Ähnlichkeit mit den instinktiven Reaktionen der Tiere hat, die ja sogar durch Attrappen ausgelöst werden können. Man denke daran, wie viele Männer in unserem Kulturbereich mit heftigen Begierden auf bestimmte Formen der weiblichen Brust reagieren. Es handelt sich hierbei also noch um eine weitgehend unpersönliche Beziehung auf der reinen Trieb- und Instinktebene.

Durch die Verwandlung des Königs in einen Vogel auf der einen Seite und die Gefangenschaft der Florine in ihrer Kemenate auf der anderen kommt es zu einer Änderung dieser Situation und einer Herstellung einer persönlichen Beziehung zwischen den beiden. Durch einen langen Zeitraum von zwei Jahren, so erzählt dieses Märchen, kommt dieser Vogel jede Nacht an das Fenster der Florine und bringt ihr Geschenke aus seinem Schloß und plaudert mit ihr. Durch dieses langdauernde Gespräch zwischen den beiden Liebenden kann so etwas wie eine personale Beziehung entstehen, so wie sich eine Gemeinsamkeit zwischen ihnen auch durch das zusammen zu ertragende Leid herstellt. Wenn es auch eine Reihe von Märchen gibt, die dieses Motiv der Prüfung oder des längerdauernden Kennenlernens zwischen der schönen Geliebten und ihrem Prinzen, König oder Jüngling kennen – ein Beispiel hierfür wäre etwa die Prinzessin vom Berge –, ist dieses trauliche Beisammensein im gegenseitigen Gespräch zwischen Vogel und Prinzessin doch ein sehr typisch matriarchal orientiertes weibliches Beziehungselement. Man findet es in dieser Form sonst selten in den Märchen. Dieses Element hat nicht unbedingt mit dem lebenden Mann oder der lebenden Frau direkt etwas zu tun, denn sowohl Männer als auch Frauen können vor Eingehen einer festen Beziehung, abgesehen von dem triebhaften Sich-voneinander-angezogen-Fühlen, auch eine seelische Übereinstimmung und eine personale Beziehung fordern und erwarten. Die persönliche Beziehungsbildung ist aber in der Symbolik auch mehr dem lunaren weiblichen Prinzip zugeordnet, wie eben auch der Mond mit seinem milden und dunkleren Licht die Umrisse nicht so scharf hervortreten läßt, sondern es ermöglicht, daß das eine in das andere mehr verschwimmt und mit ihm in Beziehung tritt.

So hat bei allem Leiden diese Situation auch einen beträchtlichen Wert für die beiden Liebenden, denen nur so die Möglichkeit gegeben wird, sich vor ihrer endgültigen Vereinigung wirklich näher kennenzulernen und sich zu erproben. Trotzdem tritt schließlich wieder das tiefe Mißtrauen zwischen sie und trennt die Liebenden, als die weiblichen Schattenfiguren in der Person der Kammerfrau und der Hexe Sussio den Vogel in eine fast tödliche Falle locken. Es ist schon ein bißchen merkwürdig, daß nach einem so langen Zeitraum persönlicher Beziehung sowohl der König Charmant selbst als auch sein Zauberer-Freund, der übernatürliche Wahrnehmungskräfte besitzt, gleich davon überzeugt sind, daß das Böse, das dem König geschehen ist, von Florine stammt und nicht von anderen destruktiven unbewußten Kräften. Wie oft passiert uns das, so kann man fragen, nicht auch in der Realität unseres persönlichen Lebens?

In jede noch so lange, tiefe persönliche Beziehung kann ein unbegründetes Mißtrauen einbrechen, durch das wir unseren Partner verantwortlich machen für das Unheil, das uns zugestoßen ist, ohne zunächst sorgfältig zu fragen und zu untersuchen, welche Kräfte und Mächte dieses Unheil hervorgerufen haben. Viele Beziehungen zerbrechen daran, denn der unschuldige andere steht dem Rückzug des Partners oft völlig verständnislos gegenüber, er ahnt nicht einmal, was da geschehen sein könnte, und reagiert dann seinerseits auch wieder mit Mißtrauen und

Abwendung, was allerdings in diesem Märchen von Florine klugerweise vermieden wird. Wenn nicht einer von beiden in dieser Situation das Vertrauen in den anderen behält und nach ihm sucht, ist die Beziehung zerstört; ansonsten durchläuft sie, wie es auch in unserer Erzählung geschieht, eine tiefe Krise, vielleicht mit einer vorübergehenden Trennung, sei sie innerer oder äußerer Art, die dann aber am Ende doch noch zu einer glücklichen Wiedervereinigung führen kann.

Die Schöne und die Häßliche

Charmant, der sich von Florine verraten glaubte, willigte ein, jedoch unter der Bedingung, daß die Hochzeit nicht vor Jahresfrist stattfinde. Sofort verwandelte Sussio den blauen Vogel in seine frühere Gestalt zurück, und der König war genauso schön, so liebenswürdig und geistreich wie zuvor. Der Gedanke aber, Truitonne heiraten zu müssen, ließ ihn erzittern.

Wir wollen nun darauf eingehen, welche Bedeutung wohl dem schließlichen Aufgeben des Königs und seiner Zustimmung, die Truitonne doch zu heiraten, zugrunde liegt.

Sieht man das Märchen zunächst noch einmal wieder von der männlichen Psychologie her, in der der König Charmant die Symbolfigur für den bewußten Ich-Komplex darstellt, so sind die übrigen auftretenden Figuren und Symbole Persönlichkeitsanteile, die im Unbewußten liegen und zu denen das bewußte Ich eine Beziehung sucht. Die vier dominierenden Frauengestalten dieses Märchens: Florine und Truitonne als die jüngeren sowie Sussio und deren positive hilfreiche Schwester stellen dann den weiblichen Teil der männlichen Psyche dar, wobei die beiden letzteren der mütterlichen Seite entsprechen, die beiden anderen aber dem, was C. G. Jung als die Anima des Mannes bezeichnet hat. Ebenso wie der Mutter-Archetyp aufgespalten ist in einen guten und in einen bösen Teil, wobei es charakteristisch für die Typologisierung des Märchens ist, daß das Böse nur böse ist und das Gute nur gut, ist auch in diesem Märchen die Anima aufgespalten in eine helle, lichte und schöne Gestalt in Florine und eine dunkle, mißgünstige, niederträchtige und häßliche, die Truitonne. Letztere hat offenbar noch eine sehr enge Verbindung zum animalischen Bereich, da sie in dem französischen Sprachspiel mit ihrem Namen der Forelle gleichgesetzt wird und andererseits, wie am Ende des Märchens ersichtlich wird, dem Schwein. Truitonne würde dann hier eine Seite von Gefühlen und Impulsen in der männlichen Psyche verkörpern, die von negativer, dunkler und häßlicher Qualität sind mit Charaktereigenschaften wie Neid, Mißgunst, Besitzgier, Geltungsbedürfnis, unziemlichem, nichthöfischem und triebhaftem Benehmen, Egozentrizität sowie Rücksichtslosigkeit gegenüber anderen, kurzum alle jene Eigenschaften, die der Truitonne in diesem Märchen zugeschrieben werden. Hierher gehören mit Sicherheit auch die sexuellen Begierden, die ja ebenfalls in den unteren animalischen Bereich fallen, eine Fleischeslust, die dem monogamen Prinzip des Patriarchats widerspricht und sehr schwer in dieses einzuordnen ist und dementsprechend verteufelt werden muß. Alle diese als negativ erlebten Gefühle passen natürlich nicht in das gute und helle Bild des heroischen Ich-Komplexes und müssen dementsprechend als Schatten weitgehend abgelehnt und verdrängt werden.

In vielen Märchen taucht der Schatten als eine gleichgeschlechtliche Figur auf, sehr häufig als der bösartige oder arrogante Bruder. Es gibt viele Geschichten, in denen drei Brüder vorkommen, wobei der Jüngste meist der rettende Held ist, die beiden Älteren aber eher dunkle und negative Eigenschaften verkörpern. So wenden sich zum Beispiel in den beiden Märchen »Die drei Federn« und »Wasser des Lebens« die beiden Älteren gegen den Jüngsten, der alle Aufgaben gelöst hat, versuchen sich an seine Stelle zu setzen und seinen Erfolg für sich in Anspruch zu nehmen. Auch in den Träumen von männlichen Patienten findet man diese Schattenanteile, meist in der Figur eines dunklen und negativen Gegenspielers oder einer mißgünstigen und negativen Bruderfigur. In unserem Märchen vom blauen Vogel fehlt eine derartige männliche Schattenfigur, und das männliche Element, dargestellt durch den alten König, den Vater Florines, den Magier und den König Charmant selbst, enthält eigentlich nur positive Eigenschaften, wenn man von der Schwäche des alten Königs absieht, der gutmütig und blind in die Fänge der Sussio gerät und eigentlich nur unter ihrer Herrschaft negative Verhaltensweisen gegenüber seiner Tochter Florine entwickelt. Dementsprechend ist hier der Schatten in den weiblichen Bereich gewandert, und wir stehen einem Phänomen gegenüber, das auch in der männlichen Psychologie sehr bekannt und verbreitet ist, nämlich dem der gespaltenen Anima: Neben einer ganz lichten und anbetungswürdigen Frauengestalt existiert eine dunkle, verabscheuenswerte und häßliche.

Ich glaube, man braucht heutzutage nicht mehr zu erklären, daß Männer und Frauen nicht nur im anatomischen, sondern auch im psychologischen Bereich weitgehend bisexuell sind und sich in jedem Mann gewissermaßen eine innere Frau befindet. Sie stellt seine weibliche Seite dar und symbolisiert alle jene Eigenschaften, die von der umgebenden Kultur im Sinne der Geschlechtsdifferenzierung und der Erziehung des männlichen Kindes zum Mann, des weiblichen Kindes zur Frau weitgehend unterdrückt und verdrängt wurden. Wir leben heute in einer Zeit, in der sich sowohl Männer als auch Frauen bemühen, gerade diese andersgeschlechtliche Seite in sich selbst zu entwickeln und zu differenzieren, angefangen von der primitiven Tatsache, daß Männer sich im Haushalt und bei der Kinderpflege betätigen, bis hin zur Verfeinerung der Gefühlswelt, alles Seiten, die bis in die erste Hälfte dieses Jahrhunderts allein der Frau zugeschrieben wurden. Ein klassisches Beispiel hierfür sind Schillers »Glocke« mit der »drinnen waltenden züchtigen Hausfrau« oder Goethes Verse aus dem »Torquato Tasso«:

»Willst du erfahren, was sich ziemt,
so frage nur bei holden Frauen an.
Die Schicklichkeit umgibt wie eine Mauer
das zarte weibliche Geschlecht.
Wo Sittlichkeit regiert, regieren sie,
und wo die Frechheit herrscht, da sind sie nichts.«

Noch zu Freuds und Jungs Zeiten waren diese Bereiche der männlichen Psyche so weitgehend fremd, daß Jung immer wieder betonte, was für eine schwierige psychische Aufgabe es für den Mann sei, mit seiner Anima in Beziehung zu treten und diese weiblichen Seiten seiner Persönlichkeit in das Bewußtsein zu integrieren. Im Rahmen der Individuation war für ihn die Erfahrung und Auseinandersetzung mit dem Schatten noch das Lehrstück der männlichen Selbstverwirklichung, die Erfahrung und Auseinandersetzung mit der Anima dagegen das Meisterstück. Die Verhältnisse haben sich heute verändert. Wir leben in einer Zeit, in der diese strengen Rollenaufteilungen in männlich und weiblich aufgehoben worden sind, was einerseits zu einer sehr fruchtbaren Auseinandersetzung, zu einer Emanzipation nicht nur der Frau, sondern auch des Mannes in weiten Bereichen geführt hat und zu einem größeren Umfang von Selbstverwirklichung. Auf der anderen Seite bringt diese Relativierung der Rollen und das Verlassen eines festen Systems aber auch eine Menge sehr großer Unsicherheiten. Auf beiden Seiten existieren im Umgang mit dem gegengeschlechtlichen Partner, und dies oft gerade bei sehr differenzierten Menschen, starke Bindungsängste, die dann zum Scheitern, zum Zusammenbruch von Beziehungen führen können, seien sie nun ehelicher oder nicht-ehelicher Art. Solange diese festen Rollen von männlich und weiblich existierten, wußte man, was man nicht nur vom andern, sondern auch von sich selbst erwarten durfte und wie man sich im Leben zu verhalten hatte. Jeder hatte seine bestimmten Zuständigkeiten, in die er mit Hilfe der Gesellschaft hineinwuchs und mit denen er sich entsprechend seiner Geschlechtsrolle mehr oder weniger mühsam identifizierte, um dann in einem gesicherten und von der Gesellschaft abgesegneten Tätigkeitsbereich zu agieren und sich so gut wie möglich zu entwickeln.

Zu der Zeit, in der unser Märchen geschrieben wurde, das heißt im ausgehenden 17. Jahrhundert, existierten diese Rollen noch in vollem Umfang und befanden sich im Übergang aus dem feudalen Adligensystem in das bürgerliche Zeitalter eher in der Hochblüte ihrer Ausbildung. Diese Situation trifft in einem bestimmten Umfang eigentlich auf alle unsere Märchen zu, da selbst die ältesten unter ihnen, die uns aus dem ägyptischen Raum überliefert sind, wie das Zweibrüder-Märchen, bereits aus einer patriarchalen Zeit stammen, in der die entsprechende Rollenaufteilung von Mann und Frau durchgeführt war oder sich in der Durchführung befand. So findet man in den Märchen dann eher die unbewußten Gegenbewegungen gegen diese Rollenfixierung, wie es am Beispiel dieses Märchens mit seinem lunaren männlichen Heros wunderschön abzulesen ist. Es kommt hinzu, daß das ausgehende 17. und besonders das 18. Jahrhundert als die galante Zeit oder sogar als das Jahrhundert der Frau in der Geschichtsschreibung behandelt wird. Norbert Elias schildert das so: »Die Ehe in der absolutistisch-höfischen Gesellschaft des 17. und 18. Jahrhunderts gewinnt dadurch einen besonderen Charakter, daß hier durch den Aufbau dieser Gesellschaft zum erstenmal die Herrschaft des Mannes über die Frau ziemlich vollkommen gebrochen ist. Die soziale Stärke der Frau ist hier annähernd gleich groß wie die des Mannes; die gesellschaftliche Meinung wird in sehr hohem Maße von Frauen mitbestimmt;

und während bisher der Gesellschaft nur die außereheliche Beziehung des Mannes als legitim erschien, die des sozial ›schwächeren Geschlechts‹ als mehr oder weniger verwerflich, erscheint hier entsprechend der Umlagerung der gesellschaftlichen Stärkeverhältnisse zwischen den Geschlechtern auch die außereheliche Beziehung der Frau in gewissen Grenzen als gesellschaftlich legitim.«

Diesem entspricht hier auch die schriftstellerische Tätigkeit der Gräfin d'Aulnoy sowie diejenige all der Frauen, die es ihr gleichtaten und die Literatur der damaligen Zeit mit ihren Comptes und Feenmärchen überschwemmten. Es kommt hinzu, daß um diese Zeit eine verstärkte Betonung der »manipulierten« weiblichen Schönheit entsteht, die sich in zahlreichen Schönheitsbüchern äußert, in denen jeder weibliche Körperteil bestimmten Normvorstellungen unterzogen wird und Anweisungen erteilt werden, wie die größtmögliche Schönheit des weiblichen Körpers zu erreichen wäre. Die von Elias beschriebene soziale Stärke der Frau und die mit Sicherheit nicht existente Gleichwertigkeit im sozialen Bereich werden hier zunächst angestrebt durch den Bereich der körperlichen Attraktion. Im »Frauenzimmerlexikon« von 1715 heißt es zum Beispiel: »Schönheit ist eine äußerliche wohlgefällige Gestalt und höchst angenehme Disposition des weiblichen Leibes, so aus einer richtigen Proportion, Größe, Zahl und Farbe der Glieder herrühret, und dem weiblichen Geschlechte von Gott und der Natur mitgetheilet, auch durch eigene Politur und angewendete künstliche Verbesserung immer mehr und mehr erhöhet wird.«

Es erscheinen Bücher wie der »Leibdiener der Schönheit« oder die »Akademie de Gras«, die detaillierte Anweisungen geben, wie durch eine derartige Politur oder angewendete künstliche Verbesserung die größtmögliche Schönheit erreicht werden kann. Von daher wird natürlich auch im kollektiven Bewußtsein die Differenz zwischen der »Schönen« und der »Häßlichen« immer größer und dehnt sich unbewußt auch auf die seelischen und charakterlichen Qualitäten aus, so daß die schöne Frau als die Edle und Gute gilt, die häßliche aber als die Böse und zu Verachtende. Mit der Realität hat dies nur noch wenig oder gar nichts zu tun, denn erfahrungsgemäß werden in einer derartigen Gesellschaft, wie sie auch heute noch zu einem sehr großen Teil existiert, die schönen Frauen lediglich in ihrem Narzißmus von der Umwelt bestärkt und entwickeln in der Regel gar nicht so liebenswerte Charaktereigenschaften, während gerade die mit nicht soviel äußerer Schönheit gesegneten Frauen genötigt sind, andere, wertvollere und tiefere seelische Qualitäten zu entwickeln, um ihre Anerkennung in der Gesellschaft zu finden. Eigentlich stellt das Märchen in diesem Sinne die äußere Realität auf den Kopf, entspricht aber dafür auf der anderen Seite der inneren Wirklichkeit.

Kehren wir aber zunächst einmal zu dem Problem der Anima innerhalb der männlichen Psyche zurück. Solange diese eine unbewußte Figur ist und keine Beziehung zwischen dem Ich-Komplex und der weiblichen Seite im Mann besteht, wird diese, wie alle unbewußten Inhalte, in die Umwelt projiziert. Als geeignetes Projektionsobjekt für die Anima erweist sich selbstverständlich die entsprechende weibliche Partnerin, in die sich der Mann verliebt und die auf Grund dieser Projektion dann zu der Schönsten, Reinsten, Herrlichsten und Edelsten wird. Da bekanntlich hoch immer auf tief steht, wird, je mehr man das Positive und Helle auf die »Schöne« projiziert, die »Häßliche« immer häßlicher, dunkler und negativer. Sie enthält dann, wie in unserem Märchen, alle die gefühlsmäßig abgelehnten Schattenqualitäten, mit denen man sich nicht auseinandersetzen will und die man konsequent verleugnet und ablehnt. Der »heroische« Widerstand des Prinzen gegen die Vermählung mit Truitonne würde dann in psychologischem Sinne eine Ablehnung der Auseinandersetzung und Integrierung dieser »Schattenanima« bedeuten, von der das Bewußtsein nichts erfahren will. Das stolze Ich soll gut bleiben und tunlichst von solchen üblen Gefühlen, Erfahrungen und Verhaltensweisen verschont bleiben. Dies gelingt offenbar nicht. Immer wieder meldet sich diese Seite an, und immer wieder schiebt sie sich mit einer permanenten Aufdringlichkeit in die Beziehung zwischen Charmant und Florine, bis diesem gar nichts anderes übrigbleibt, als die abgelehnte häßliche Seite anzunehmen und das Versprechen zu geben, sie innerhalb eines Jahres zu heiraten. Mit diesem Versprechen setzt aber auch eine gewisse Integrierung dieses dunklen Anteils ein. Der bisher immer ausgeglichene, tapfer und standhaft sein Schicksal hinnehmende König Charmant fängt jetzt an, depressiv zu werden, leidet an so üblen Symptomen wie Schlaflosigkeit und greift zu einem Rausch- oder Suchtmittel, dem Opium. Der bisher so reine und edle Held ist zu einem Opfer seiner Gefühle und Krankheiten geworden, in denen er die dunklen Schattenseiten seiner Seele, das Elend, die Verlassenheit, die Hoffnungslosigkeit und die Frustrationen, kennenlernt. Das Üble, das Truitonne verkörpert, ist durch diese Verbindung in die Psyche des Königs eingezogen und bringt ihm eine Erfahrung, der der Mensch in diesem Leben nicht ausweichen kann.

Auf diese Weise enthüllt sich psychologisch nun doch ein tieferer Sinn in der Aufgabe des Kampfes gegen die Anerkennung der Truitonne durch den König und seine Zustimmung, sie zu heiraten. So sinnlos es rein äußerlich auch zunächst erscheinen mag, daß der König am Ende seines ganzen Leidenskampfes nun doch dieser Verbindung bedingungslos zustimmen muß, so sinnvoll ist die zugrundeliegende Psychodynamik, die dem Ich jetzt die notwendige Erfahrung eines dunklen seelischen Bereiches vermittelt, den wir hier einmal global mit dem Durcherleben einer einjährigen depressiven Verstimmung beschreiben können. Es ist ein Stück Sinn, den man in dieser »Erkrankung« finden kann. Viele Patienten, die einen derartigen Zustand einmal erlebt haben und denen es gelungen ist, sich mit den in diesem Bereich liegenden Energien und Kräften sinnvoll auseinanderzusetzen, machen auch die Aussage, daß sie in ihrem Leben diese Erfahrung nicht missen wollen, obwohl sie wohl niemand freiwillig aufsucht. Truitonne ist also hier weiblicher Anteil der Psyche des Helden, sein Schattenanteil, den er akzeptieren muß.

Wenn wir davon ausgehen, daß ein großer Teil

der negativen Gefühlsqualitäten, die in Truitonne symbolisiert waren, innerhalb der Depression als die dunkle Anima dem König bewußt geworden ist und zu einem Reifungsprozeß beigetragen hat, so bleibt noch die Frage offen, wie aus dieser Sicht die schließliche Verwandlung Truitonnes in ein Schwein und ihre Vertreibung zu verstehen ist. Man könnte zunächst annehmen, daß, wie es in vielen anderen Märchen auch geschieht, die dunkle Anima, symbolisiert in der närrischen und mißgünstigen Schwester, überflüssig wird und dementsprechend einen symbolischen Tod erleidet. Die Auseinandersetzung mit dem Bösen und Negativen ist beendet, zumindest für die in dem Märchen beschriebene Entwicklungs- und Reifungsphase. und man kann sich so dieser Seite entledigen; das Gute triumphiert, und es ist wieder eine heile Welt vorhanden. Charakteristisch hierfür wäre zum Beispiel das allgemein bekannte Märchen »Hänsel und Gretel«, in dem die Hexe in dem Ofen verbrannt wird und gleichzeitig mit der Überwindung des negativen Weiblichen im magisch-mythischen Bereich auch auf der persönlichen Ebene die böse Stiefmutter, die die Kinder im Wald ausgesetzt hat, stirbt, so daß Hänsel und Gretel bei ihrer Rückkehr nur den guten und liebevollen Vater vorfinden und sich nun in trauter Dreisamkeit der gewonnenen Schätze erfreuen können. Das entspricht natürlich nicht der Lebenswirklichkeit. Das Böse in uns und um uns herum läßt sich nicht ausrotten. Das Dunkle und Negative ist der natürliche Gegenpol zum Hellen und Positiven, eines kann ohne das andere nicht existieren, und der Mensch ohne Schatten verliert

seine Tiefe, seine Fehlerhaftigkeit, seine Unange-
paßtheit und damit auch letztendlich seine Mensch-
lichkeit.

Natürlich tut man den Märchen unrecht, wenn
man nur kritisieren würde, daß sie auf diesen Tatbestand keine Rücksicht nehmen und ihr Ende meist so
aussieht, daß eine gute und heile Welt wiederhergestellt ist, nachdem das Böse zerstört ist. Märchen
behandeln nicht das Individuell-Menschliche in all
seinen differenzierten und oft ambivalenten Gefühls-
und Erlebnisschattierungen, sondern sind durch ihre
archetypische Bildwelt typologisch holzschnittartig,
indem sie die Gegensätze kraß gegeneinanderstellen
und in Personifikationen symbolisieren, die entweder
nur die eine oder die andere Seite vertreten. Sie sind
auch nicht grundsätzlich an ein ganz bestimmtes,
individuelles, einmalig im Leben auftretendes Problem gekoppelt, sondern behandeln mit ihrer Symbolik und mit ihren unterschiedlichen Lösungsversu-
chen menschliche Grundprobleme, die in allen
Lebensaltern immer wieder auftreten können. Überall, wo der Mensch in etwas Neues und Unbekann-
tes eingreift, etwas bisher nicht Gekanntes oder
Gekonntes sich zu eigen machen will, geschieht so
etwas Ähnliches wie der Übergang des Märchenhelden aus der Alltagswelt in ein verzaubertes, unbe-
kanntes magisches Reich, das erlöst werden muß oder
aus dem ein bestimmter Wert, der die alltägliche
Existenz erhöht, zu holen ist. Die Hexen und Ungeheuer sind dann unsere eigenen personifizierten Äng-
ste, Ungeschicklichkeiten und dunklen Seiten, mit
denen wir zu kämpfen haben. Die hilfreichen Tiere

und die Feen sind die uns noch nicht bekannten Fähigkeiten und Möglichkeiten, die uns in solchen Situationen zuwachsen können. So wird hier auf der symbolischen Ebene das, was im Märchen Bild oder Phantasie ist, zu einer inneren Wirklichkeit, die erfahren werden kann. Das ist weder an ein bestimmtes Lebensalter gekoppelt noch an eine bestimmte individuelle Situation.

Es ist so ähnlich mit den Märchen, wie wir es auch in den Träumen finden. Die gleichen Figuren und Symbole, die wir aus den Träumen unserer Kinderzeit kennen, treten durch alle verschiedenen Phasen unseres Lebens bis in das hohe Alter hinein immer wieder auf. Eine Hexe kann bei einem Vierjährigen im Zusammenhang mit der Auseinandersetzung einer Trotzphase stehen, bei einem Jugendlichen in der Pubertät mit einer Ablösung der Sexualität von der Mutterfigur; in der Lebensmitte für das Problem einer regressiven, festhaltenden Tendenz, die den Reifungsschritt in eine erhöhte Verantwortlichkeit behindert und in die Erfahrung, daß das Leben nicht mehr unendlich aufwärts, sondern abwärts, auf das Alter hin verläuft. Schließlich und endlich kann dieselbe Figur in den Träumen alter Menschen auftreten, die sich verzweifelt an das Leben klammern und von diesem nicht lassen wollen, anstatt sich mit dem nahenden Tode auseinanderzusetzen. Ganz genauso wie mit den Träumen ist es auch mit den Märchen. Sie bieten kollektive Lösungs- und Entwicklungsmöglichkeiten in symbolischer Form an, die eben nicht an ein bestimmtes Lebensalter oder ein fest umrissenes individuelles Problem gebunden sind. Die Hexe im

Märchen ist so in gewisser Weise identisch mit der Hexe im Traum, und so unterschiedlich und differenziert die Lösungsmöglichkeiten, die das Märchen anbietet, auch sein können, so typologisch und zeitungebunden treffen sie für unterschiedliche menschliche Grundprobleme zu. In meinen Arbeiten über die Lieblingsmärchen der Kindheit habe ich an erwachsenen Patienten aller Lebensalter nachgewiesen, wie diese gleiche Symbolik sich durch die Traum- und Phantasiewelt der Menschen im Verlaufe ihres ganzen Lebens zieht.

Die heile Welt ist nicht gesichert

So hörte jeder das Mißgeschick des andern. Da erhob sich der König, kleidete sich an und gelangte über eine Geheimtreppe in die klingende Kammer. Dort erblickte er Florine in einem weißseidenen Gewand, das sie über ihr grobes Bauernkleid geworfen hatte, und ihre schönen Haare fielen über ihre Schultern herab. Der König warf sich ihr zu Füßen und benetzte ihre Hände mit Tränen. Er glaubte vor Freude und Schmerz sterben zu müssen. In ihrem Glück fürchteten sie nur noch die Fee Sussio. Da aber trat der Zauberer, des Königs Freund, herein in Begleitung der guten Fee, die Florine die vier Zaubereier geschenkt hatte. Sie erklärten, daß Sussio ihrer vereinigten Macht gegenüber hilflos sei.
Jetzt stand der Hochzeit der Liebenden nichts mehr im Wege.

Legt man die Überlegung zugrunde, daß es sich im Märchen immer wieder um die innere Auseinandersetzung des Menschen mit einer ganz bestimmten Situation und den kämpferischen Übergang in eine neue Erfahrungswelt handelt, eine Situation und ein Übergang, die zeitlich begrenzt sind, so kann man es dem Märchen nicht übelnehmen, wenn es nach vielen

Kämpfen und Auseinandersetzungen am Ende wieder eine heile Welt herstellt. Schließlich geht es uns selbst auch so. Wenn wir in eine Krise geraten, sieht zunächst alles dunkel, hoffnungslos und unüberwindlich aus. Wir haben mit überlegenen, von uns nicht beherrschbaren Kräften zu kämpfen und uns mit ihnen auseinanderzusetzen. Wir erleben Dunkles, Böses, Aggressives in uns selbst und in der Auseinandersetzung mit anderen. Wenn es uns aber gelingt, eine derartige Krise produktiv zu überstehen, so stellt sich wieder ein inneres Gleichgewicht her, eine Welt, in der wir uns wieder wohl fühlen und heil sind, der Kampf mit der Dunkelheit und dem Bösen zunächst zu Ende zu sein scheint, wenigstens so lange, bis die nächste Krise in unserem Leben erscheint, die früher oder später unweigerlich kommt. Man muß also dem Märchen die Freiheit einräumen, der getreue Spiegel unserer inneren Erfahrungen zu sein und die Symbolfigur des Bösen am Ende der Auseinandersetzung sterben zu lassen. Das Gute triumphiert, das Böse ist überwunden. Wir alle versuchen immer wieder, diesen Zustand zu erreichen und ihn auch so lange wie möglich aufrechtzuerhalten: »Und wenn sie nicht gestorben sind, so leben sie noch heute«, man möchte hinzufügen: »in ewigem Glück und Zufriedenheit«; denn das entspricht einer tiefen menschlichen Sehnsucht.

Trotzdem, vielleicht ist es etwas Persönliches, mir gefallen die Märchen besser, in denen dies nicht geschieht, sondern in denen diese dunkle, als negativ und böse erlebte Schattenseite unserer menschlichen Natur, Kultur und Zivilisation in irgendeiner Form erhalten bleibt. Die Phantasie, man habe diese Seite nun endgültig überwunden und könne sie ad acta legen, wird dann gar nicht erst gefördert und illusionär hergestellt, sondern die Unsicherheit bleibt in uns lebendig, daß sie wieder auftauchen könnte. Ich habe dieses Problem an dem orientalischen Märchen vom Fischer, der die Flasche fand, in einem früheren Buch ausführlich dargestellt[4].

Eine verkürzte Fassung des orientalischen Fischer-Märchens in der Sammlung der Gebrüder Grimm, »Der Geist im Glas«, erzählt folgendes:

Ein armer Holzhacker will seinen Sohn etwas Rechtes lernen lassen, aber das ersparte Geld reicht nicht dazu aus, und der an sich begabte Junge muß die Schule wieder verlassen. Wieder zu Hause, erbietet er sich, seinem Vater beim Holzhacken zu helfen. In einer Arbeitspause kommt er dann zu einer großen Eiche, die viele hundert Jahre alt ist und die keine fünf Menschen umspannt hätten. Als er vor ihr steht, vernimmt er eine Stimme, die ruft: »Laß mich heraus, laß mich heraus.« Diese Stimme steckt unter den Eichwurzeln. Der Junge fängt an, unter den Wurzeln zu suchen, bis er endlich in einer kleinen Höhlung eine Glasflasche entdeckt. Als er darin ein Ding sieht, das wie ein Frosch auf und nieder springt, denkt er an nichts Böses und nimmt den Pfropfen ab. Alsbald steigt ein Geist hervor, fängt an zu wachsen und wird schnell ein entsetzlicher Kerl, so groß wie der halbe Baum, und ruft dem Jungen mit fürcherlicher Stimme zu, daß sein Lohn für die Freilassung darin bestehe, daß er ihm den Hals brechen werde. Er sei der großmächtige Mercurius, und wer ihn loslasse, dem müsse er dies antun. Der Junge überlistet den Geist, indem er anzweifelt, daß ein so großer Geist in einer so kleinen Flasche hätte stecken können, und da dieser Geist offenbar so beschaffen ist, daß er keinen Zweifel ertragen kann und alles beweisen muß, zieht er sich wieder zusammen, wird klein und geht in die Flasche zurück, worauf natürlich der Junge den Korken auf die Flasche drückt und sie an den alten Ort wirft. Nun ist der Geist kleinlaut und verspricht dem Jungen, daß er ihm so viel geben wolle, wenn er ihn wieder herauslasse, daß er sein Lebtag davon genug hätte. Nach längerem Hin und Her vertraut der Junge dem Wort des Geistes. Dieser gibt ihm nach seiner Befreiung einen kleinen Lappen, ganz wie ein Pflaster, der magische Eigenschaften hat. Wenn man mit dem einen Ende eine Wunde bestreicht, so heilt sie, und wenn man mit dem anderen Ende Stahl und Eisen bestreicht, so wird es in Silber verwandelt. Der Junge ist zufrieden, und beide trennen sich. Das Märchen geht dann so weiter, daß der Junge ein berühmter Arzt wird und ein reicher Mann, was uns an dieser Stelle aber nicht weiter zu interessieren hat.

Es kommt mir lediglich darauf an, zu zeigen, daß hier dieser archaische und bösartige Geist, der in grenzenloser Gleichgültigkeit und Undankbarkeit seinen eigenen Befreier auf der Stelle umbringen will, von dem Jungen ohne jede Gewissensbisse auf die Umwelt losgelassen wird. Noch deutlicher ist diese Situation in dem arabischen Ursprungsmärchen, das in der Handlung der Befreiung des Geistes ganz identisch ist. Hier ist der Geist ein unbotmäßiger

Dschinn, der von König Salomo in eine Flasche gebannt worden war und auf den Grund des Meeres versenkt wurde, damit er in der Welt kein weiteres Unheil mehr anrichten könne. Auch in diesem Märchen läßt der Fischer ohne jede Gewissensbisse den Geist frei in die Welt verschwinden, obwohl er über den Tatbestand vorher unterrichtet war. Wir sehen in diesem Märchen, daß das Böse, Archaische und Destruktive, das aber gleichzeitig auch über bereichernde Werte verfügen kann, für den, der versteht, mit ihm umzugehen, nicht vernichtet, sondern im Gegenteil sogar aus einer Einengung und einer Gefangenschaft befreit wird. Dem Fischer im orientalischen Märchen und dem Jungen im Grimmschen Märchen gegenüber entwickelt dieser Geist sogar mephistophelische Eigenschaften im Goetheschen Sinne:

»Ich bin ein Teil von jener Kraft,
die stets das Böse will
und stets das Gute schafft.«

Gerade in derartigen Personifikationen ist die oft sehr doppeldeutige Problematik unserer Schattenseite besonders gut erfaßt.

So finde ich es auch in unserem vorliegenden Märchen vom blauen Vogel sehr sinnvoll und den inneren Realitäten entsprechend, daß Truitonne lediglich eine Verwandlung in ein Schwein erfährt, um dann freigelassen zu werden. Es findet hier also wieder, nur diesmal im Bereich des negativen Weiblichen, eine Regression in den animalischen Bereich statt, wobei die Symbolik des Schweines, ganz im

Sinne des vorher über den Schattenbereich Gesagten, eine höchst ambivalente Bedeutung hat.

Das Schwein spielt eine enorm wichtige Rolle in Mythos, Märchen und Magie, was natürlich auch durch seine große Bedeutung für den menschlichen Haushalt und die Ernährung zu verstehen ist. Auf der einen Seite symbolisiert es die Fruchtbarkeit. In verschiedenen Gegenden erhält der Sämann bei der ersten Saat einen mit dem Schweinerücken gekochten Schweineschwanz, den er in den Feldrand steckt, damit die Ähren so lang wachsen wie der Schwanz. Es gibt auch den Brauch, daß die Braut bei der Heirat in einer verdeckten Schüssel einen Schweineschwanz als Fruchtbarkeitssymbol vorgesetzt bekommt. Auch Kinder, besonders die Kleinsten, sollen beim Schlachten den Schweineschwanz essen, wodurch sie in einem Jahr so viel wachsen, wie das Schwänzchen lang ist. Auch gilt das Schwein als Glückszauber, und man muß zum Beispiel zu Neujahr einen gesottenen Schweinerüssel essen, damit man im kommenden Jahr immer Glück, Geld und Überfluß hat. Ebenso kann es Liebe erwecken, denn wenn ein Mädchen ein Schweineherz mit Nadeln spickt und es dann kocht, so muß der Bräutigam zu ihr kommen. Auch in der Heilkunde spielt das Schwein eine große Rolle. Es gibt eine Unzahl von Krankheiten, gegen die Schweinefleisch, Schweineschmalz oder Schweineknochen bei besonderer Zubereitung gut und heilend sind. Auf der anderen Seite hat das Symbol aber auch eine dunkle Bedeutung. Das Schwein ist ein böser Geist, ein Begleittier des wilden Jägers, ein Erreger von Wetterwolken und Wirbelsturm, ein

Geist der Hartherzigkeit, des Geizes und Wuchers, der Unredlichkeit, des Betrugs und Mords. Es ist ein Teufels- und ein Hexentier, und der Teufel erscheint gern als ein grunzendes, oft schwarzes Schwein mit feurigen Augen und glühendem Kopf. Hexen nehmen mit Vorliebe die Gestalt eines roten Schweines an, oder das Schwein ist auch das Reittier der Hexen oder des Teufels. Es ist auch ein Opfertier, das in engem Zusammenhang zum Archetyp der großen Mutter steht. Im germanischen Bereich wurden Kultessen mit Schweinen abgehalten zu Ehren der mütterlichen Erdgottheit und der Wachstums- und Fruchtbarkeitsdämonen, denen das Schwein wegen seiner Fruchtbarkeit und seiner erdaufwühlenden Natur ein wohlgefälliges Opfer sein mußte.

Wie wir sehen, ist es also ein sehr großes Symbol, das in einer sehr engen Beziehung zur Muttergottheit, der Erde und der Natur in allen ihren guten und bösen Seiten steht und das in diesem Märchen zwar in einem sehr unbewußten, aber doch existenten seelischen Bereich erhalten bleibt. Wir müssen nach unserer Auffassung den ganzen Umfang, den dieses Märchen umschließt, als die Innenwelt einer menschlichen Seele verstehen. Hierzu gehört natürlich auch die Wildnis, in die Truitonne vertrieben wird, als jener nicht kultivierte und zivilisierte Bereich in uns selbst, der von keiner Sozialisation erfaßt worden ist, aber in uns doch immer lebendig bleibt und auch seine Wirkungen entfaltet. So kann man phantasieren oder doch wenigstens die Hypothese wagen, daß König Charmant und seine Königin in ihrem späteren Leben vielleicht auf einer anderen Ebene dieser Mutter und Tochter Sussio und Truitonne wieder begegnen werden.

Damit verlassen wir zunächst einmal unsere Überlegungen zu diesem Märchen von der Seite des männlichen Heros, des Königs Charmant, und wenden uns der Figur der Florine und ihrer Suchfahrt nach ihrem Geliebten zu.

Die Tochter
unter der Vorherrschaft des Vaters

Der König hatte nur eine Tochter aus erster Ehe, die als das achte Wunder der Welt galt. Sie hieß Florine, weil sie so frisch, so jung und so schön war wie eine Blume. Die neue Königin hatte auch eine Tochter, die bei ihrer Patin, der Fee Sussio, erzogen worden war; aber sie war weder anmutig noch schön: sie hieß Truitonne, weil sie mit ihrem rot gesprenkelten Gesicht an eine Forelle erinnerte.
Die Königin aber liebte ihre eigene Tochter ganz närrisch und war verzweifelt, weil Florine ihr so überlegen war. Jedes Mittel war ihr recht, um diese beim König schlecht zu machen.

W enn wir das Märchen jetzt einmal von der weiblichen Psychologie her zu verstehen suchen, so enthält es als Grundmotiv die Ablösung der Tochter aus einer zu starken und intensiven Vaterbindung. Die männliche Komponente in der Psyche der Frau, ihr Animus, tritt dieser in der Kindheitsentwicklung zunächst von außen in Gestalt des Vaters oder eines die Stelle des Vaters einnehmenden Mannes entgegen, wird später durch den Bruder, Ehemann, Freund ersetzt und ist schließlich auch in den objektiven Dokumenten des Geistes, in Kirche, Staat und

Gesellschaft und ihren Einrichtungen sowie in den Schöpfungen unserer Wissenschaft und Kunst zu finden. Die andauernde Vorherrschaft eines patriarchalen Vater-Animus, der als übermächtige Figur die Psyche der Frau beherrscht, bewirkt eine totale Abhängigkeit des weiblichen Ich-Komplexes von diesen patriarchalen Meinungen, Vorstellungen und Gesetzen. So befindet sich auch unsere Heroine Florine am Anfang des Märchens in einer Situation, in der sie völlig der Gewalt des Vaters ausgeliefert ist, einer schwachen Vaterfigur, der seinerseits völlig unter dem Einfluß der negativen Stiefmutter steht. So heißt es im Märchen:

»Als Florine und Truitonne herangewachsen waren, wollte der König sie verheiraten. Die Königin wünschte, daß ihre Tochter die erste sei, *und da der König keinen Streit mochte, willigte er ein, alles ihr zu überlassen.*«

An anderer Stelle kurz darauf wird beschrieben, daß die Königin und Truitonne den Vater Florines bestimmten, Florine für die Dauer des Besuches von Charmant in einen Turm zu sperren. Auch diese Maßnahme führt der König widerspruchslos durch und stattet sogar die Stieftochter Truitonne verschwenderisch mit den schönsten Kleidern aus. Auch nachdem der Plan, durch die bösartige Täuschung den König Charmant zu einer Heirat mit Truitonne zu zwingen, fehlgeschlagen ist, muß Florine in ihrem Turmgefängnis bleiben. Solange der Vater lebt und regiert (psychologisch gesprochen: solange eine Dominanz der Vaterimago über das Ich existiert), ist Florine gefangen, eingeengt, wird sie daran gehindert, ihre weiblichen Möglichkeiten zu entfalten und ihren eigenen Entwicklungsweg zu gehen.

Ehe ich nun weiter auf die Interpretation des Märchens eingehe, möchte ich diese typische Anfangskonstellation mit der Situation einer meiner Patientinnen am Beginn einer Analyse vergleichen:

Die fünfunddreißigjährige Patientin, die mich vor etwa fünfzehn Jahren aufsuchte, litt an Ängsten, die mit der Angst vor einer Papageienkrankheit begonnen hatten, nachdem ein Wellensittich (ich weiß allerdings nicht, ob dieser blau war) sie etwas gekratzt hatte. Außerdem litt sie unter periodisch auftretenden depressiven Verstimmungszuständen, in deren Hintergrund sehr deutlich unterdrückte Wutgefühle und Trotzhaltungen standen. Diese Verstimmungen hatten einen durchaus gewalttätigen Charakter und tyrannisierten die ganze Familie, was natürlich entsprechende Schuldgefühle bei der Patientin selbst nach sich zog. Es bestand außerdem ein nicht unerheblicher Alkoholmißbrauch. Außerhalb dieser Zustände aber war sie eine übergefügige Frau, die sich äußerlich ganz dem patriarchalen Prinzip unterordnete und zugunsten ihres Ehemannes und ihres Kindes ihren eigenen Beruf aufgegeben hatte und auf die Entwicklung eigener Interessen verzichtete. In der Begegnung mit ihr spürte man hinter ihrer Depression und einer vordergründig aggressiv gefärbten Atmosphäre aber eine tiefere Gutmütigkeit und Wärme.

Ihr Vater war Fabrikarbeiter und wurde von ihr als gutmütig, ruhig und als ein Mann erlebt, der nach Möglichkeit jeden Streit zu vermeiden suchte. Er war offenbar ein sehr introvertierter Mann, der oft von der Familie ziemlich isoliert in seinem Zimmer lebte und außerdem durch die Kriegszeit lange Jahre von Frau und Kindern getrennt war. Trotzdem bestand zwischen ihm und der Tochter eine starke Gefühlsbeziehung, denn er war im Gegensatz zur Mutter der Herzlichere und Wärmere. Die Mutter wurde von der Patientin als sehr gefühlsarm, sogar herzlos erlebt (Sussio). Sie hatte außerdem Tobsuchtsanfälle und machte den Kindern dauernd angst vor der gefahrvollen Umwelt, in der immer gleich das Schlimmste passieren konnte. In der Familie herrschte sie vollständig, war in der Erziehung tonangebend, während der Vater vergeblich versuchte, ein ausgleichendes Element darzustellen.

Der spätere Ehemann der Patientin kam aus einer Akademikerfamilie, war genauso gutmütig wie der Vater, aber wesentlich aktiver und erfolgreicher in seinem Beruf. Da meine Patientin ein sehr schönes und attraktives Mädchen war und außerdem einen Beruf hatte, in dem sie viele Männerbekanntschaften machte, fehlte es ihr natürlich nicht an einer reichlichen Zahl von Bewerbern. Sie kam aber zunächst nie zu einer festen Beziehung, weil ihre Mutter sich in jede Bekanntschaft mit einem Mann einmischte, die Männer schlechtmachte und schließlich einen Bruch der Beziehung herbeiführte. Der Vater seinerseits war nicht in der Lage, die Tochter gegen diese negative Mutter zu verteidigen und sie in ihren Beziehungen gegen den unheilvollen Einfluß seiner Ehefrau abzuschirmen, sondern er verhielt sich genauso wie der alte König unseres Märchens, indem er zur Vermeidung von Streit die Partei der negativen Mutter ergriff.

Wir haben in dieser Konstellation ebenso wie in dem Märchen einen introvertierten, offenbar gutmütigen, gefühlsbetonten, aber viel zu weichen Vater und eine harte, gefühlsversperrte, kühle Mutter. Auch hier verhindert diese Konstellation, insbesondere durch die gefühlsmäßige Bindung an den Vater, die weibliche Entwicklung meiner Patientin, und sie bleibt innerlich in dieser Situation gefangen, obwohl sie sich zu einem späteren Zeitpunkt durch eine Heirat äußerlich aus diesem Elternhaus befreite. In ihrer Innenwelt trug sie die Abhängigkeit von diesem patriarchalen Prinzip, das im Hintergrund von einem negativen Mutter-Archetyp gesteuert wurde, mit in die Ehe hinein. Die Enttäuschung, daß diese Ehe dann trotz all ihrer Gefügigkeit und ihrem Gehorsam nicht die Befreiung brachte, die sie sich von ihr erhofft hatte, löste dann schließlich die Neurose aus.

Im Märchen stirbt der Vater Florines, das Volk erhebt sich gegen die böse Königin und ihre häßliche Tochter, vertreibt beide, und Florine wird nun selbst Königin. Wenn wir wieder davon ausgehen, daß sich dies alles symbolisch in der Seele einer Person abspielt, so stellt der Tod des alten Königs die endgültige Ablösung des Ich-Komplexes von der Herrschaft des Vaterbildes dar. Das weibliche Ich wird zum Ich, das sich nicht mehr von dem bestimmen läßt, was ihm von der Kindheit her an väterlichen Erziehungsmaximen, Vorstellungen, Haltungen und Verhaltensweisen aufgezwungen worden ist. Es kommt in die Lage, selbständig zu entscheiden, welches der richtige Weg für die eigene Lebensgestaltung und Entwicklung ist. Der Tod des Vaters wird zum Symbol für die Ablösung, und das hilfreiche Volk symbolisiert die Gesamtheit all jener unterdrückten seelischen Regungen, Impulse und Vorstellungen, die sich während der tyrannischen Unterdrückung nicht entfalten und verwirklichen konnten.

Zu dieser Stelle ist noch eine historische Anmerkung zu machen. Die Autorin unseres Märchens, die Gräfin d'Aulnoy, läßt nämlich hier im Frankreich des Jahres 1717 kurzerhand und unbeschwert Florine zur Königin krönen, obwohl – oder sollte man sagen gerade weil – Frankreich das einzige feudalistisch regierte Land Europas zur damaligen Zeit war, das bereits seit dem Jahre 1316 ein striktes männliches Erbfolgegesetz hatte, nach dem die Töchter der Könige von der Thronfolge ausgeschlossen waren. Dieses »loi des males« wurde von Philipp V. vor seiner Krönung eingeführt, um zu verhindern, daß seine Thronfolge angefochten werden konnte. Zu diesem Zweck hatte er durch die Pariser Universität ein angebliches altes salisches Gesetz ausgraben lassen, das die Frauen von der Erbfolge ausschloß und das von diesem Zeitpunkt an für alle Zukunft die Nachfolge für den Thron der Könige von Frankreich regelte. Philipp V. war im Grunde genommen ein Usurpator, der ohne dieses Gesetz gar nicht den Anspruch gehabt hätte, die Krone Frankreichs zu übernehmen. Er war der jüngere Bruder Ludwigs X., der insgesamt nur achtzehn Monate den französischen Thron nach Philipp dem Schönen innehatte und an einer Vergiftung starb. Ludwig X. war in erster

Ehe mit Marguerite de Bourgogne verheiratet, und aus dieser Ehe stammte eine kleine Tochter von fünf Jahren, die eigentlich die nächste Thronprätendentin war. Allerdings war Marguerite de Bourgogne in einen Skandal verwickelt worden und wegen einer außerehelichen Liebschaft noch zu Zeiten Philipps des Schönen zu Festungshaft verurteilt worden, während derer sie starb oder ermordet wurde, damit Ludwig X. Clémence von Ungarn heiraten konnte. Diese gebar nach seinem frühen Tod noch ein männliches Kind, das aber die Taufe nicht überlebte, und so stand dem Thronanspruch Philipps V. nur die kleine Tochter der Marguerite de Bourgogne entgegen. Diese war außerdem dadurch belastet, daß das Gerücht umging, sie sei ein Bastard aus der Beziehung Marguerites mit einem ihrer Liebhaber, ein Gerücht, das aber offenbar keinen Realitätscharakter hatte. Philipp V., der nach dem Tode seines Bruders zunächst die Regentschaft übernommen hatte, erstrebte nun durch dieses im großen und ganzen doch recht fragwürdige alte salische Gesetz für sich selbst endgültig die Krone Frankreichs und ließ sich am 29. Mai 1328 in Reims krönen. Diese Krönung, gegen die der englische Königshof einen scharfen Einspruch erhob, war dann der eigentliche Anlaß für den späteren Hundertjährigen Krieg zwischen England und Frankreich, der um diese Thronfolge ausgefochten wurde. Jeanne de France, die Tochter Ludwigs X. und Marguerites de Bourgogne, heiratete nach ihrer Ausschließung vom französischen Thron nach Navarra und regierte mit ihrem Mann dieses kleine Königreich.

Unbewußt macht die Autorin unseres Märchens hier dieses französische Erbfolgegesetz wieder rückgängig, indem sie Florine zur legitimen Königin krönen läßt, und bringt damit ein matriarchales Element in die damalige strikt patriarchale Gesellschaft ein. Das entspricht sehr gut dem, was wir vorher über das neu erwachende Selbstbewußtsein der Frau im 18. Jahrhundert beschrieben haben. Man kann im Tenor und in der Atmosphäre dieses ganzen Märchens bereits die ersten, noch sehr unbewußten Ansätze einer weiblichen Emanzipation sehen, die ja, wie alle derartigen Bewegungen, eine lange Vorgeschichte hat und nicht erst plötzlich am Ende des vorigen Jahrhunderts ausgebrochen ist.

Verkleidet in eine Bäuerin

*Florine dachte an nichts anderes als an den König.
Um ihn zu suchen, verkleidete sie sich als Bäuerin,
setzte einen großen Strohhut auf, und mit einem Sack
auf der Schulter machte sie sich auf den Weg.*

Kehren wir aber nach diesem historischen Ausflug
wieder zu unserem Märchen zurück. Nachdem
Florine die Herrschaft übernommen hat, wird jetzt für
sie der Weg frei, das eigene Leben in der von ihr
gewünschten Form aktiv zu gestalten. Im zweiten Teil
des Märchens ist es nun nicht mehr der männliche
Heros, der auf die Suchfahrt nach seiner Geliebten
geht und hierbei Gefahren und Prüfungen bestehen
muß, sondern umgekehrt eine weibliche Heroine, die
ihrerseits eine bedrohliche Reise durch eine magische Welt zu bewältigen hat, um dann an deren Ende
um das Herz ihres geliebten Königs zu kämpfen und
sich gegen die dunkle Schattenschwester durchzuset-
zen. Am Anfang dieser Suchfahrt legt sie alle Zeichen ihrer Macht und Schönheit ab und verkleidet
sich als arme Bäuerin, um sich in dieser Gestalt auf
den Weg zu machen. Hier begegnen wir wieder
einem sehr wichtigen und nicht seltenen Motiv, das
wir aus vielen Märchen und Mythen kennen, daß

nämlich gerade der Arme und Geringe letztlich der Erfolgreiche ist und die Auseinandersetzungen mit dem Unbewußten am günstigsten durchführen kann. Das Ich kann dem Unbewußten nicht in der Haltung des Herrschers gegenübertreten und den Versuch machen, es gewaltsam zu unterwerfen. Das Unbewußte verfügt über Kräfte und Energien, die dem Bewußtsein weit überlegen sind, und enthält außerdem Werte, die bei einem rücksichtslosen Vorgehen zerstört werden könnten. Die sinnvollste Haltung bei einer Begegnung mit ihm ist daher Einfachheit und Bescheidenheit. Hinzu kommt, daß das Ich auf diesem Wege zunächst versuchen muß, sich mit den natürlichen Kräften der Seele in Verbindung zu setzen, was in der Figur der Bäuerin, die ja allen natürlichen Vorgängen am nächsten steht, am besten symbolisiert wird.

Im Unterschied zu der schönen Prinzessin oder Königin stellt die Figur der Bäuerin einen unteren, erdhaften Aspekt des Weiblichen dar. Für die an den Vater gebundene Tochter ist die erste auftauchende Animus-Figur meist ein Verführer in das Reich des Ideellen und des Schwärmerischen, wobei die erdhaften, körperlichen und sinnlichen Seiten der Weiblichkeit vernachlässigt werden. Der erste Teil des Märchens beschreibt auch sehr eindrücklich, wie die im Vaterkomplex gefangene Tochter nur in der Lage ist, ihre romantisch-schwärmerische Gefühlsseite zu entwickeln, und sowohl in der Beziehung zu König Charmant als auch in der Beziehung zu sich selbst und der eigenen Psyche die untere Welt des Sinnlichen, Triebhaften und Instinktiven ausklammern muß.

Erst die Zuwendung zu dieser ausgeklammerten irdischen Seite kann die Voraussetzungen dafür schaffen, daß die Beziehung real wird und in die Leiblichkeit der wirklichen Welt hinübergeleitet wird.

Es gibt sehr viele Märchen, in denen die stolze und schöne Prinzessin zunächst in den Bereich des Einfachen, Schlichten, Irdischen und Geringen eintauchen muß, um, durch diese Erfahrung bereichert, erst am Schluß zu einer wirklichen Beziehung zu ihrem König oder Prinzen zu kommen. Immer handelt es sich hierbei um eine Loslösung der Jungfrau vom Vater-König, die teils freiwillig, wie in dem Märchen »Allerleirauh«, erfolgen kann oder auch gewaltsam wie in dem Märchen »König Drosselbart«.

Das Märchen »Allerleirauh« schildert am Beginn eine ähnliche Situation wie im hier besprochenen Märchen, denn es handelt von einem König mit einer besonders schönen Frau, die vorzeitig stirbt. Auf ihrem Totenbett läßt sie sich von ihrem Mann versprechen, daß er keine Frau heiraten werde, die nicht genauso schön sei wie sie. Auch dieser König ist lange Zeit nicht zu trösten und entschließt sich erst spät unter dem Druck seiner Räte, nach einer Frau zu suchen, die ebenso schön ist wie seine erste. Nirgendwo ist diese zu finden, bis der König eines Tages seine herangewachsene Tochter ansieht und feststellt, daß sie ebenso schön ist wie seine Gemahlin, und in Liebe zu ihr entbrennt. Er verlangt daraufhin, sie zu heiraten. Die Tochter aber stellt ihm drei Bedingungen, von denen sie hofft, daß er sie nicht erfüllen könne. Sie will drei Kleider haben, eins so golden wie die Sonne, eins so silbern wie der Mond und eines so glänzend wie die Sterne sowie einen Mantel, von tausenderlei Pelz und Rauhwerk zusammengesetzt, wozu jedes Tier aus dem Reich des Königs ein Stück seiner Haut dazugeben muß. Der König aber erfüllt diese Bedingungen. Daraufhin beschließt die Tochter zu fliehen, zieht den Mantel von allerlei Rauhwerk an und nimmt von ihren Kostbarkeiten einen goldenen Ring, ein goldenes Spinnrädchen und ein goldenes Haspelchen mit. Als sie auf der Flucht in einem hohlen Baum übernachtet, wird sie von den Jägern eines anderen Königs gefunden. Sie gibt sich als armes Mädchen aus und wird in die Küche geschickt, wo sie Holz und Wasser tragen, das Feuer schüren, das Federvieh rupfen und die Asche kehren muß. Als auf dem Schloß ein Fest gefeiert wird, macht sie sich heimlich schön und zieht eins der drei Kleider an, die sie in einer Nußschale mitgenommen hat, und tanzt mit dem König, wonach sie wieder in ihre armselige Küche zurückkehrt, nachdem sie sich mit Ruß schwarz gemacht hat. Am nächsten Tag kocht sie dem König eine Suppe, die ihm besonders gut schmeckt, und auf den Grund des Tellers legt sie den goldenen Ring. Als der König diesen findet, läßt er sie zu sich kommen, kann aber von ihr nichts weiter erfahren, als daß sie ein armes Kind sei, das keinen Vater und keine Mutter mehr habe und von dem Ring nichts wisse. Beim nächsten Fest zieht sie das Kleid an, das silbern wie der Mond ist, tanzt wieder mit dem König und tut am nächsten Tag das goldene Spinnrädchen in die Suppe, woraufhin sich wieder das gleiche abspielt. Beim dritten Fest trägt sie dann das Kleid, das wie die Sterne glänzt, und diesmal steckt ihr der König, während sie tanzen, einen goldenen Ring an den Finger. Nach dem Tanz will er sie festhalten, aber sie läuft so schnell sie kann wieder in ihr kleines Gemach unter der Treppe, und da sie so lange ausgeblieben ist, kann sie ihr schönes Kleid nicht mehr ausziehen, sondern wirft nur den Mantel von Pelzwerk darüber, macht sich in aller Eile auch nicht ganz rußig, sondern ein Finger bleibt weiß. Danach eilt sie in die Küche, kocht dem König die Brotsuppe und legt die goldene Haspel hinein. Als der König nun diesmal Allerleirauh rufen läßt, erblickt er den weißen Finger und sieht den Ring, den er ihr beim Tanz angesteckt hat. Er hält sie diesmal fest, und unter dem aus Allerleirauh zusammengestückelten Pelz kommt nun das Sternenkleid und ihre ganze Schönheit zum Vorschein, worauf der König sie heiratet und sie vergnügt bis zu ihrem Tod leben.

In diesem Märchen ist es nicht die böse Schwiegermutter, die den Vater bewegt, die Tochter in Gefangenschaft zu halten; aber das direkte Inzestbegehren des Vaters, das in diesem Märchen offen behandelt wird, ist für die Tochter in übertragenem Sinne genauso ein Gefängnis wie das Turmverlies unseres französischen Märchens, da es jede eigenständige Weiterentwicklung der Persönlichkeit der Tochter vom Vater fort zum Mann und zum eigenen inneren Animus verhindern würde. In diesem Märchen macht die schöne Prinzessin nicht nur die Erfahrung der primitiven Schmutzwelt von Keller und Küche, sondern zieht sich bis in das Animalische hinein zurück, da das »Pelzwerk von allen Tieren des Reiches«, ihr ständiges unscheinbares Gewand, eine Art zweite Haut wird, die sie bis zu ihrer Erlösung trägt. Die Frage, warum es in diesem Märchen der Ich-Komplex selbst ist, der in den animalischen Bereich zurückgehen muß, während in dem französischen Märchen eine Rückkehr ins Tierreich über die Animus-Figur, das heißt die Verwandlung des Königs Charmant in einen Vogel, erfolgt, läßt sich dahingehend beantworten, daß dieser Unterschied vom Reifungs- und Stabilitätszustand des Ich-Komplexes abhängig ist. Im Märchen »Allerleirauh« ist die Prinzessin noch total dem Vater ausgeliefert und weit entfernt von jeder Verselbständigung und Beziehungsaufnahme zu einer eigenen Animus-Figur, während in dem Märchen vom blauen Vogel die Prinzessin bereits eine Beziehung zu ihrem eigenen Animus aufgenommen hat und die Trennung und den schmerzhaften Entzug der väterlichen Liebe standhaft zugunsten ihrer eigenen selbständigen Entwicklung erträgt.

Das Märchen »König Drosselbart«, dessen Grundmotiv auch Shakespeare zu seinem berühmten Lustspiel »Der Widerspenstigen Zähmung« angeregt hat, schildert dagegen die gewaltsame Loslösung vom Vaterkomplex, an der Vater und Animus-Figur in Gestalt des Königs Drosselbart mitwirken, um das zu stolze und durch das Größen-Selbst aufgeblähte Ich der Prinzessin auf den Weg der Erfahrung der irdisch-weiblichen Seite zu bringen. Das Märchen schildert, daß die Tochter des Königs über alle Maßen schön, aber so stolz ist, daß ihr keiner der vornehmen Freier gut genug ist. Besonders aber macht sie sich über einen König lustig, dem das Kinn ein wenig krumm gewachsen ist und den sie deswegen mit dem Namen »Drosselbart« belegt. Der alte König wird daraufhin zornig über seine Tochter und schwört, sie solle den ersten besten Bettler zum Manne nehmen. Als ein paar Tage später ein Spielmann in schmutzigen und zerlumpten Kleidern vor dem Fenster singt, gibt ihm der König seine Tochter zur Frau. Dieser führt die Prinzessin zu Fuß in einen großen Wald, auf eine schöne Wiese und in eine Stadt. An jedem dieser Orte fragt die Prinzessin, wem sie wohl gehören, und der Spielmann antwortet, es sei das Eigentum des Königs Drosselbart. Als die Prinzessin daraufhin seufzt und sagt: »Ach hätte ich doch den König Drosselbart genommen!«, wird er zornig darüber, daß sie sich immer einen anderen Mann wünscht und er ihr nicht gut genug ist. Er führt sie dann in ein winziges Häuschen, wo sie Feuer machen, Wasser aufstellen und Essen kochen muß. Nach ein paar Tagen, als die Vorräte aufgezehrt sind und sie Geld benötigen, befiehlt er ihr, Körbe zu flechten, aber sie sticht sich dabei die Finger wund. Auch spinnen kann sie nicht, da ihr der Faden die Hände zerschneidet. Schließlich befiehlt er ihr, irdenes Geschirr auf dem Markt zu verkaufen. Sie muß sich fügen, trotz ihrer Angst, dort von ihres Vaters Leuten verspottet zu werden. Durch ihre Schönheit zieht sie viele Käufer an und macht eigentlich ein gutes Geschäft, bis schließlich ein trunkener Husar dahergeritten kommt und ihre Töpfe zerbricht. Ihr Mann erklärt daraufhin, sie tauge zu keiner Arbeit, und verdingt sie gegen freies Essen als Küchenmagd im Schloß des Königs. Unter ihrem Kleid soll sie zwei Töpfe festmachen, in denen sie

Essensreste sammeln soll, um sie mit nach Hause zu bringen. Eines Tages soll die Hochzeit des Königssohns gefeiert werden. Die Frau stellt sich an die Saaltüre zum Zuschauen. Als dieser Königssohn hereintritt, in Samt und Seide gekleidet, ergreift er die Hand der Frau, um mit ihr zu tanzen. Sie erkennt ihn als den verspotteten König Drosselbart, erschrickt sehr und sträubt sich. Als er sie aber in den Saal zieht, zerreißt das Band, das die Töpfe unter ihrem Rock hält, diese fallen heraus, und Suppe und Brocken ergießen sich auf den Boden, woraufhin ein allgemeines Gelächter entsteht. Sie flieht, aber auf der Treppe holt sie der König Drosselbart ein und bringt sie zurück. Er erklärt ihr, daß er, der Spielmann und der Husar ein und dieselbe Person seien und er alles dies getan habe, um ihren stolzen Sinn zu beugen und sie für den Hochmut zu strafen, mit dem sie ihn verspottet hatte. Sie weint, gesteht ihr Unrecht ein, woraufhin er sie tröstet und ihr prächtige Kleider bringen läßt. Ihr Vater kommt und der ganze Hof, und alle wünschen ihr Glück zu ihrer Vermählung mit dem König Drosselbart.

In diesem Märchen ist, ähnlich wie in anderen Märchen dieses Typs, zum Beispiel dem »Froschkönig« oder der »Turandot«, die Instanz, welche die Reifung zur Frau fordert, noch außerhalb des Ich-Komplexes in der Figur von Vater und Animus angesiedelt. Diese beiden sorgen dafür, daß trotz des Sich-Sträubens und der starken Abwehr der Weg in dieses Irdische, Einfache und zunächst als widerwärtig Erlebte angetreten wird, um die entsprechenden Reifungsvorgänge zu erfahren.

Überträgt man diese Problematik einmal auf ein generelles kulturelles Problem der Zivilisation, so verlangt das Märchen hier von der Frau, daß sie die Aufspaltung des Weiblichen in eine obere, lichte, schöne, helle und anbetungswürdige Sphäre und eine dunkle, wertlose, negative und verachtete überwindet. Diese Spaltung ist in unserer Kultur, wenn nicht in allen patriarchalen Kulturen im Laufe der Jahrhunderte und Jahrtausende weitgehend durch die Auseinandersetzung zwischen dem patriarchalen und matriarchalen System entstanden. Mit dem Aufkommen und der Etablierung des Patriarchats mußte das matriarchale System entwertet werden, und in diese Entwertung wurde auch die Frau als solche hineingezogen, die einerseits die minderwertige Verführerin aus dem väterlichen Unschuldsparadies (Eva und die Schlange) wurde, auf der anderen Seite eine erhöhte Spirituelle, die Himmelskönigin oder die Madonna.

Es erscheint wir wichtig, in allen psychotherapeutischen Behandlungen sowohl Männer als auch Frauen aus dem Erleben einer derartigen Spaltung des Weiblichen zu befreien. Für beide Partner wird eine Beziehung erschwert, wenn auf der Frau einerseits die Projektion von etwas besonders Edlem, Hohem und andererseits die von etwas Schlechtem, Minderwertigem und Untergeordnetem liegt und man ihr daher, Nietzsche folgend, besser nur mit einer Peitsche bewaffnet gegenübertritt. Diese Problematik ist sehr ausführlich in dem zweibändigen Buch von Klaus Theweleit »Männerphantasien« behandelt worden.

Die hilfreiche Alte

*Sie wanderte Tag und Nacht. Da begegnete ihr ein
altes Weib, das fragte sie:*
»Was macht Ihr hier allein, schönes Mädchen?«
*Und Florine erzählte ihr alles, was ihr widerfahren
war.*

Wenn wir das Märchen hier von der weiblichen
Hauptfigur her betrachten, das heißt es als
einen Reifungs- und Entwicklungsvorgang ansehen,
der sich in der Psyche der Frau abspielt, dann müssen
wir alle auftauchenden Figuren und Symbole auch als
eigene innerseelische Anteile betrachten, die in dieser Frau wirksam sind. In König Charmant würden
sich dann also die männlichen Anteile der weiblichen
Hauptfigur personifizieren. Hierbei taucht nun in
diesem Märchen eine Schwierigkeit auf, der wir
einige Überlegungen widmen wollen: Über weite
Strecken verlaufen die Veränderungen, die sich bei
Florine auf der einen Seite und bei König Charmant
auf der anderen Seite abspielen, getrennt und ohne
aufeinander bezogen zu sein. Der ganze Prozeß der
Rückverwandlung des Königs Charmant aus dem
zutiefst verletzten und verwundeten blauen Vogel in
einen Menschen, seine Verlobung mit Truitonne, das

Hervortreten seiner dunklen, depressiven und süchtigen Züge erfolgt weit entfernt und ohne Wissen von Florine. In das Entwicklungsgeschehen einer menschlichen Seele übersetzt, würde das heißen, daß unbewußte Inhalte auch ohne eine direkte Beziehung zum Ich-Komplex und ohne Einbeziehung des Bewußtseins Veränderungen unterliegen können und sogar entwicklungsfähig sind. Das ist zunächst sehr schwer vorstellbar, da wir spontan geneigt sind, alles vom Bewußtsein her zu sehen, und die Reifungs- und Entwicklungsprozesse weitgehend auf den bewußten Ich-Komplex zentrieren. Verfolgt man aber über längere Zeit aufmerksam Traumserien, so kann man an ihnen feststellen, daß bestimmte Reifungs- und Entwicklungsprozesse bereits in ihnen stattfinden, lange bevor das Bewußtsein davon Kenntnis nimmt, wovon ich in meinem Buch »Träume als Sprache der Seele« einige Beispiele gegeben habe. Gerade die Veränderungen des Bildes einer andersgeschlechtlichen Beziehungsperson, die allmählich zur Erfassung einer Ganzheit dieser Figur in allen ihren Schattierungen führt, stellen sich in derartigen Traumserien oft dar, lange bevor sie als eigene Seelenanteile erkannt und in das Bewußtsein integriert werden. Man möchte fast sagen, daß eine bestimmte Problematik in der Regel zunächst einmal vom eigenen Ich entfernt am Partner abgehandelt wird, an dem die Patienten diese ihre eigenen seelischen Anteile, oft grob verzerrt und übersteigert, erleben. Erst die Rücknahme dieser Projektionen und die Erkenntnis: »Das bin ja ich und nicht der andere!« führt dann zur Integrierung dessen, was diese Figur symbolisiert, in das Ich-Bewußtsein. Es ist also durchaus legitim und psychologisch richtig, wenn, wie hier im Märchen, zunächst über eine größere Zeitspanne hinweg bewußter Ich-Komplex (Florine) und Animus-Figur (Charmant) getrennte Wege gehen und getrennte Erfahrungen machen, bis sie endlich wieder zusammenkommen und in der Hochzeit des Paares vereinigt werden.

Florine beginnt nun ihre eigentliche Suchfahrt, und im Märchen heißt es an dieser Stelle: »Sie wanderte Tag und Nacht. Da begegnete ihr ein altes Weib, und das fragte sie: ›Was macht Ihr hier allein, schönes Mädchen?‹, und Florine erzählte ihr alles, was ihr widerfahren war. Die Alte aber tröstete sie: ›Der König, den Ihr sucht, ist kein Vogel mehr. Meine Schwester Sussio hat ihn in seine frühere Gestalt zurückverwandelt.‹ Und sie schenkte ihr vier Eier, die möge sie zerbrechen, wenn sie in großer Not sei.«

Nach der endgültigen Ablösung von den persönlichen Elternfiguren, die im Märchen erst durch den Tod der eigenen Mutter und später durch den Tod des eigenen Vaters symbolisiert werden, und der Phase des Erleidens und der Gefangenschaft im bösen Mütterlichen in Gestalt der Stiefmutter und der Hexe begegnet Florine hier nun einer positiven, helfenden und unterstützenden mütterlichen Figur. Hier erhält der weibliche Ich-Komplex auch das erste Mal die Information über das, was geschehen ist, weiß nun über das Schicksal der männlichen Animusseite Bescheid und kann daran seine Handlungen orientieren. Diese positive mütterliche Figur, die im Märchen als ein »altes Weib« beschrieben wird, gibt sich auch zu erkennen in ihrer eigentlichen Gestalt und Bedeutung, indem sie mitteilt, daß sie die Schwester der Sussio sei. Es handelt sich also hier keineswegs um ein gewöhnliches altes Weib, sondern am Anfang ihres Weges in den magisch-mythologischen Bereich des Unbewußten begegnet Florine sofort einer großen und bedeutenden Figur dieses Reiches, einer Märchenfee, die auf der mythologischen Ebene dem positiven, ernährenden, helfenden und unterstützenden Aspekt der großen Naturgöttinnen entspricht. Sussio, die Hexe, und das alte Weib als die gütige Fee sind Schwestern, was beinhaltet, daß sie im Grunde genommen zwei unterschiedliche Aspekte derselben Sache sind, nämlich der negative und der positive Pol des Archetyps der großen Mutter.

Nicht immer sind diese zwei entgegengesetzten Pole des Archetyps in zwei verschiedene Gestalten aufgeteilt, sondern sie können auch in einer Figur zusammen auftreten, wobei sich je nachdem, in welcher Form man sich ihr nähert und mit ihr umgeht, entweder die positiv-hilfreiche Seite oder die negativ-dämonisch-hexenhafte Seite zeigt. Das charakteristische und am weitesten bekannte Beispiel hierfür ist die Frau Holle. Goldmarie, die der Stimme der Natur folgt und die Äpfel, die geerntet werden wollen, aufliest, das Brot, das gebacken ist, aus dem Ofen zieht und der Frau Holle in ihrem Haus dienend hilft, verläßt sie reich beschenkt, während die Pechmarie, die arrogant und hochmütig diese niederen Arbeiten verweigert, ihre bösartige und hexenhafte Seite erlebt und erniedrigt wird.

Der Weg ins Unbewußte bedarf der göttlichen Hilfe, da die Energien der im Unbewußten enthaltenen Komplexe stärker und mächtiger sind als das Ich und immer in der Lage, dessen Formation aufzulösen oder zu zerstören. So wird dann in der überwiegenden Mehrzahl der Märchen und auch der Heroenmythen demjenigen, der mutig und vertrauensvoll wie Florine der Stimme seines Herzens, dem Ruf seiner inneren Stimme folgt, am Anfang seines Weges in diesen gefährlichen Bereich jene magische Hilfe zuteil in der Form eines hilfreichen Tieres oder einer helfenden magischen Figur wie diese alte Frau. Diese Figuren stellen eine wohlmeinende und schützende Macht dar, die das Schicksal gewährt. Sie sind ein Abbild der positiven Phantasien jener Geborgenheit, die wir als Allerfrühestes, vor der Geburt, im Schoße der Mutter erfahren haben und die im späteren Leben nicht nur Sehnsucht nach einem Sich-Zurückverkriechen wecken, sondern auch, in der Gegenwart erinnert und in die Zukunft vorausphantasiert, dem Menschen das innere Vertrauen vermitteln können, sich in jene unbekannte und gefahrvolle Welt zu begeben, wo nicht mehr die vertrauten und geschützten Wege Sicherheit vermitteln, sondern das volle Risiko der Existenz auf sich genommen werden muß.

Gerade die göttliche Hilfe durch eine arme, unscheinbare und oft nicht beachtete Frau gehört zu den ältesten mythologischen Motiven, und wir finden es bereits in der Isis- und Osirismythe des alten Ägypten. Hier erfahren wir, daß der Bruder und Gemahl der Isis, der Gott Osiris, von Verschwörern und Helfern seines dunklen Bruders Seth getötet und in einer Totenlade in einen Fluß geworfen wurde. Die Göttin Isis machte sich klagend und umherirrend

durch alle Lande auf, den Toten zu suchen, und
erfuhr schließlich, daß die Brandung des Meeres die
Lade in der Gegend von Byblos sanft an einer Zeder
abgesetzt habe und diese in kurzer Zeit zum herrlichsten und größten Baum aufgeschossen sei, in den die
Lade eingewachsen war. Der König des Landes hatte
die Größe des Baumes bewundert, den Stamm abge-
schnitten und ihn als Stütze unter sein Dach gestellt.
Isis gelangte dorthin, setzte sich ärmlich und verweint
an eine Quelle und sprach mit niemandem. Nur den
Dienerinnen der Königin begegnete sie freundlich
und liebreich, indem sie ihnen das Haar flocht und
ihrer Haut einen wunderbaren Wohlgeruch ein-
hauchte, der von ihr selbst ausströmte. Als die Königin ihre so beschenkten Dienerinnen sah, befiel sie
ein Verlangen nach der Fremden, deren Haut und
Haar Ambrosia aushauchte. Sie ließ sie holen, wurde
mit ihr vertraut und machte sie zur Amme ihres
Knäbleins. Isis nährte das Knäblein; nachts aber ver-
brannte sie das Sterbliche an seinem Körper, während
sie sich selbst in eine Schwalbe verwandelte und
klagend die Zedernsäule umflog, bis die Königin sie
dabei eines Nachts beobachtete und laut aufschrie,
als sie das Kind scheinbar verbrennen sah. Dadurch
raubte sie ihm die Unsterblichkeit[5].

Wir finden das gleiche Motiv auch in dem griechischen Mythos der Göttin Demeter wieder, einer
Fruchtbarkeitsgöttin ähnlich der ägyptischen Isis, von
der die Griechen dieses mythologische Motiv sicher
übernommen haben. Auch in den Grimmschen Märchen finden wir dieses Motiv wieder, wie zum Beispiel in dem Märchen »Die zertanzten Schuhe«.

Dieses Märchen erzählt von einem König, der zwölf Töchter hatte, eine immer schöner als die andere. Sie alle schliefen zusammen in einem Saal, von dem der König abends die Türe zuschloß und verriegelte. Schloß er sie aber am Morgen wieder auf, so mußte er jedesmal feststellen, daß ihre Schuhe zertanzt waren, und konnte niemals herausbringen, wie das zugegangen war. Er ließ daher ausrufen, daß derjenige, der das ausfindig machen könne, sich eine seiner Töchter zur Frau wählen könne, um nach seinem Tod König zu werden. Wer es aber innerhalb von drei Tagen und drei Nächten nicht herausbekomme, solle sein Leben verwirkt haben. Daraufhin meldeten sich viele edle und hochgeborene Königssöhne, die alle vergeblich diese Aufgabe zu lösen suchten, da sie jeden Abend von einer bleiernen Müdigkeit überfallen wurden und die Nacht durchschliefen. So verwirkten sie dementsprechend auch ihr Leben. Es trug sich aber nun zu, daß ein armer Soldat, der eine Wunde hatte und nicht mehr dienen konnte, auf dem Wege zu des Königs Stadt war. Vor der Stadt begegnete ihm eine alte Frau, zu der er im Scherz sagte, es gelüste ihn wohl, herauszubekommen, wo des Königs Töchter in der Nacht ihre Schuhe zertanzten, um dann selbst König zu werden. Daraufhin sagte ihm die Alte: »Das ist so schwer nicht, du mußt den Wein nicht trinken, der dir abends gebracht wird, und mußt tun, als wärst du fest eingeschlafen.« Dann gab sie ihm außerdem ein Mäntelchen, das ihn unsichtbar machte und mit dessen Hilfe er den Zwölfen nachschleichen konnte, wenn sie abends den Raum verließen. Auf Grund dieser Information und des

112

Geschenks der alten Frau gelang es dem Soldaten tatsächlich, das Geheimnis zu lösen, und er wurde der nachfolgende König des Landes.

In diesem Märchen finden wir also genau die gleiche Situation, die wir bei der Begegnung von Florine mit der gütigen Fee vorliegen haben. Florine, die ihr Königtum abgelegt hat und als einfache, arme Bäuerin auf ihren Weg geht, begegnet der alten, hilfreichen Frau, die ihr sowohl die notwendigen Informationen als auch die magische Hilfe in Form der vier Eier übermittelt, durch die sie überhaupt erst in die Lage kommt, die ihr gestellte Aufgabe zu lösen. Auch der Soldat in dem Märchen von den zertanzten Schuhen bedarf der magischen Hilfe des Mantels, der ihn unsichtbar macht. Er findet heraus, daß die zwölf Prinzessinnen jede Nacht mit zwölf Prinzen aus der Unterwelt durchtanzen, von denen er ohne Zweifel getötet worden wäre, wenn sie ihn hätten erblicken können. Er wäre auch gar nicht in der Lage gewesen, den Prinzessinnen unbemerkt zu folgen. Das hätte dann wie bei allen Prinzen zu seinem Tod geführt.

Die Gestalt einer hilfreichen Frau tritt auch oft in den Träumen von Patienten während der Analyse auf, immer an den Stellen, wo der Ablösungsprozeß von den persönlichen Eltern vollzogen wird und die Patienten nicht mehr oder nicht mehr vollständig mit den inneren persönlichen Elternbildern identifiziert sind. Auch in der Analyse beginnt hier der Weg in den unbekannten und auch noch ungebahnten Bereich des eigentlichen eigenen Wesens, unabhängig von Tradition, Erziehung, Sozialisation und kollektiven Idealisierungen. An dieser Stelle taucht in den Träumen sehr häufig eine helfende unbekannte und fremde Frau auf. Ein charakteristischer Traum dieser Art stammt von einer vierunddreißigjährigen Patientin aus der 92. Analysenstunde:

»Ich fuhr in meinem Auto auf einer Straße entlang und kam in eine Massenansammlung von Menschen. Diese hatte etwas sehr Bedrohliches, und ich mußte aus dem Auto steigen, weil ich meinen Weg nur zu Fuß weiter fortsetzen konnte. Nach einiger Zeit kam ich an eine Mauer, auf der sich oben noch ein Gitter befand, das ich übersteigen mußte. An der Mauer wuchs ein großer Dornbusch, und um ihn übersteigen zu können, mußte ich in ihn hineingreifen, um hochklettern zu können. Es erschien mir zunächst völlig unmöglich, aber von der linken Seite her kam plötzlich eine fremde, mir unbekannte Frau, die mir sagte, daß das Gitter oben weich sei und ich es herunterbiegen könne, und mir half und mich unterstützte, um die Mauer hochzukommen. Auf diese Weise gelang es mir, auf die andere Seite zu kommen, und ich hatte damit zunächst die gefährliche Zone überwunden.«

Die Patientin war an dieser Stelle in der Analyse an den Beginn ihrer eigenen Selbstwerdung gelangt, nachdem sie sich vorher lange und intensiv mit der Figur ihrer persönlichen Mutter auseinandergesetzt und erkannt hatte, in wie starkem Umfang sie mit dieser identifiziert gewesen war und deren Leben und deren Verhaltensweisen nachgelebt hatte. Sie hatte sich auch damit auseinandergesetzt, inwieweit sie kollektiven Ideen, Vorstellungen und Idealen, die

114

gerade in ihren Kreisen vorherrschten, erlegen war und sich nach diesen orientierte, anstatt nach ihren eigenen inneren Bedürfnissen. In diesem Traum muß sie die schützende Hülle des eigenen Autos, das für sie eine Abschirmung gegen andere bedeutete, verlassen. Da sie bisher zu Identifikationen mit den Meinungen und Wünschen der anderen neigte, war die Flucht in die Isolation für sie zum Ausgleich notwendig. Sie steigt hier im Traum aus dem Auto aus und setzt den Weg auf eigenen Beinen fort. Nur so kann sie die drohende Menge durchqueren und das Hindernis überwinden, das ihr den Weg zu ihrem eigenen Sein versperrt. Aber dieses Hindernis, das durch die Symbole von Mauer, Dornbusch und Gitter ausgedrückt wird, ist zu schwierig und zu verletzend, um es allein überwinden zu können. Auch ihr kommt hier von der linken Seite her – eine Seite, die in der Regel das Unbewußte repräsentiert, während die rechte Seite mehr als das Symbol für das Bewußtsein steht – die helfende Figur der fremden, unbekannten Frau entgegen. Ähnlich wie im Märchen erhält sie von dieser eine Information, in welcher Weise das Hindernis zu überwinden ist, und eine Unterstützung für den schmerzhaften Aufstieg durch den Dornbusch auf die Höhe der Mauer.

Die Geschenke der Fee

Und sie schenkte ihr vier Eier, die möge sie zerbrechen, wenn sie in großer Not sei.

In allen diesen Märchen, wie auch in dem letztgenannten Traum, finden wir Haltungen und Verhaltensweisen, die den Reifungsweg der weiblichen Heroine deutlich von dem des männlichen Heros unterscheiden. Bei letzterem geht es eigentlich immer um den Kampf, um die aggressive Auseinandersetzung mit dem Ungeheuer, sei es Drache, Hexe, Riese, fabelhaftes Untier oder ähnliches. Der weibliche Prozeß der Selbstverwirklichung, wie man es heute oft so schön und noch öfter mißbräuchlich nennt, scheint dagegen in den Märchen und Mythen nicht über das Kämpfen zu führen, sondern über das Dienen, das Leiden, die Hingabe und die Liebe.

Hier muß nun gleich einer sehr häufigen und naheliegenden Verwechslung vorgebeugt werden: Wenn ich an dieser Stelle von der Verwirklichung des Weiblichen spreche und wenn die Märchen dieses in weiblichen Gestalten darstellen, so ist damit nicht, wie es primitiv und kurzsichtig ein patriarchales Bewußtsein annehmen könnte, die Individuation der persönlichen Frau gemeint, sondern die des weiblichen Prinzips, das sowohl in der Frau als auch im Mann enthalten ist. Diese weibliche Seite im Menschen kann bei der einen Person stärker ausgeprägt sein und bei der anderen schwächer; sie existiert aber niemals allein, und nur bei Kranken ist sie manchmal übermächtig, sondern immer gleichzeitig mit der männlichen Seite, die eben auch das kämpferisch-aggressive Element enthält. Das trifft sowohl für die einzelne Frau als auch für den einzelnen Mann zu, und jeder Selbstverwirklichungsprozeß ist verfehlt, der entweder nur die eine oder nur die andere Seite entwickelt.

Wenn wir von dem weiblichen Prinzip im Menschen sprechen und dieses in der Gestalt unserer Märchenheldin Florine symbolisiert sehen, so sind damit jene breiten und großen Fähigkeiten der menschlichen Seele gemeint, die es dieser ermöglichen, etwas zu empfangen, etwas in sich wachsen zu lassen, etwas geduldig wartend zu erleiden, das Natur oder Schicksal dem Menschen auferlegt, sich zu öffnen für das aus Natur und Welt Eindringende und sich diesem hingeben zu können, etwas liebend und fürsorglich zu ernähren und zu pflegen und etwas aus sich heraus gebären zu können. All das sind Fähigkeiten und Eigenschaften, die die Frau sinnlich und konkret in solchen Vorgängen wie Schwangerschaft und Geburt erlebt, die aber neben dieser sinnlich-konkreten Ebene auch noch eine allgemein menschlich-psychische haben und dann Fähigkeiten und Eigenschaften sind, die sowohl dem Mann als auch der Frau in ihrem Leben und in ihren Reifungsprozessen zur Verfügung stehen sollten.

Wenn hier von der freiwilligen Übernahme eines Erleidens gesprochen wird und von den Demütigungen, die Florine auf sich nehmen muß, um ihren König endlich zu erlösen, so darf man das auf keinen Fall, wie man es in mancher psychotherapeutischen Literatur findet, die um jeden Preis Leiden vermeiden will, mit dem pathologischen Äquivalent des Leidens, dem Masochismus, verwechseln. Die Fähigkeit, etwas erleiden zu können, ist eine notwendige Voraussetzung jedes Reifungsprozesses. Schon im körperlichen Bereich tut es weh, zu wachsen, und wir wissen heute, daß die goldene, unbeschwerte Kindheit eine rückwärtsgewandte Illusion Erwachsener ist. Die Leiden des Kindesalters, die Leiden der Pubertät bis zum Erreichen des Erwachsenseins erscheinen zwar dem erwachsenen Menschen im Rückblick oft als banal und geringfügig, aber für das betreffende Kind oder den Jugendlichen ist es mit mindestens genausoviel Schmerz und genausoviel Tragik verbunden wie das Leiden, das wir in unserem Erwachsenenleben zu ertragen haben. Diesen Tatbestand haben auch alle Initiationsriten der Naturvölker erfaßt, sei es, daß es sich um Initiation des Jugendlichen in das Erwachsenenleben oder die Initiation in eine besondere Funktion wie zum Beispiel die des Schamanen handelt; sie sind alle mit schmerzhaften Prüfungen verbunden, die der Initiand freiwillig auf sich nehmen muß, um über das Bestehen dieser Prüfung eine neue Stufe der Bewußtheit zu erreichen, wobei die leidvolle Erfahrung auch gleichzeitig dazu dient, eine nicht mehr zu überschreitende Barriere zu setzen gegen die Neigung, in den vorigen Zustand zurückzufallen. Bedauerlicherweise wird die Terminologie der Psychoanalyse, die aus dem Umgang mit Kranken stammt, oft leichtfertig auf Prozesse und Vorgänge angewendet, die keineswegs krankhaft sind. Man vergißt hierbei, daß psychische Erkrankungen immer ein Extremfall des Normalen sind und zum Beispiel zwischen masochistischer Unterwerfung und freiwilliger Annahme eines Leidensweges nur ein gradueller Unterschied liegt insofern, als der ins Masochistische abgleitende Mensch Schmerzen und Leiden auf sich nimmt, die nicht mehr sinnvoll, gerechtfertigt und erforderlich sind. Es kommt hinzu, daß der Masochist in seinem Leiden Lust erlebt, die er in anderer Weise nicht gewinnen kann.

Derjenige, der sich aus Notwendigkeit, der Tiefe seines inneren Gefühls folgend, auf einen schwierigen, oft hoffnungslos erscheinenden Weg begibt, erhält im Märchen, wie auch oft im Leben, bald unmittelbar nach dieser schwierigen Entscheidung unerwartete Hilfen, die es ihm ermöglichen, diesen Weg zu bewältigen. In unserem Märchen sind es die vier Eier, die Florine von der als Bäuerin verkleideten guten Fee erhält. Mit ihnen hat es eine besondere Bewandtnis, was wir nicht nur durch ihre Inhalte erfahren, die zutage treten, als Florine die Eier zerbricht, sondern die auch schon in ihrer Vierzahl und dem symbolischen Charakter des Eies liegt. Bevor ich auf die Symbolik des Eies eingehe, möchte ich einiges über das Symbol der Zahl Vier sagen.

In der Analytischen Psychologie C. G. Jungs stellt die Zahl Vier als Symbol die Totalität aller psychischen Prozesse dar, die Bewußtes und Unbewußtes umfassen. Dem entspricht auch die Typenlehre C. G. Jungs mit ihren vier Typen, dem Denken, Fühlen, der Intuition und der Empfindung. Bereits in frühen, vorgeschichtlichen Zeiten wurde die Vier als ein Symbol der Ganzheit benutzt, und in der Regel finden wir diese Zahl überall dort, wo eine Ganzheit beschrieben wird. Das Kreuz eines Meridians und einer Parallele teilt die Erde in vier Teile, und auf allen Kontinenten wurden die Könige als die Herren der vier Teile der Erde angesprochen. Es gibt vier Winde, vier Himmelsrichtungen, vier Mondphasen, vier Jahreszeiten, vier Elemente, vier Flüsse des Paradieses, vier Evangelisten und vieles andere mehr. Diese Bedeutung, daß die Zahl Vier nicht nur das innere, sondern auch das äußere Universum in seiner Totalität symbolisiert, findet sich bei fast allen Völkern dieser Erde. Bei den nordamerikanischen Indianern ist die Vier ein Prinzip der Organisation und enthält eine bestimmte Kraft. Der Raum teilt sich in vier verschiedene Teile, die Zeit mißt sich in vier verschiedenen Einheiten, und zwar Tag, Nacht, Mond und Jahr. Es gibt vier verschiedene Teile der Pflanzen: die Wurzel, den Stamm, die Blüte und die Frucht, und auch die Tiere werden in vier verschiedene Arten eingeteilt. Der Himmel besteht aus vier Elementen: dem Himmel selbst, der Sonne, dem Mond und den Sternen; es gibt vier Winde, die um die Welt herumwehen. Das menschliche Leben teilt sich in vier verschiedene Phasen ein: die Kindheit, die Jugend, die Reife und das Alter. Beim Mann und bei der Frau gibt es vier verschiedene Tugenden, beim Mann den Mut, die Ausdauer, die Großzügigkeit und die Treue; bei der Frau die Geschicklichkeit, die Gastlichkeit, die Loyalität und die Fruchtbarkeit. Dieses Beispiel der nordamerikanischen Indianer soll nur als eins aus einer entfernten Kultur genannt sein. Die Liste läßt sich bei den verschiedenen Kulturen beliebig fortsetzen.

Legen wir diese universelle Bedeutung der Vierzahl dem Geschehen unseres Märchens zugrunde, so können wir sagen, daß Florine hier den Auftrag erhält, die Ganzheit wiederherzustellen und das Getrennte zu vereinigen. Auf den innerpsychischen Raum übertragen, ist es die Vereinigung zwischen dem Unbewußten, das heißt Animus beziehungsweise Anima, und dem Bewußtsein, dessen zentraler Punkt der Ich-Komplex ist. Aus dieser Vereinigung der beiden großen psychischen Bereiche, bildlich dargestellt durch die königliche Hochzeit, wird, wie schon lange vor der modernen Psychologie in der Alchimie beschrieben, die Ganzheit wiederhergestellt, und es entsteht der hermaphroditische »filius philosophorum«, der doppelgeschlechtliche »Sohn der Philosophie«. Diese Parallele zu psychischen Prozessen im alchimistischen Werk (die Alchimisten projizierten bekanntlich die menschlichen Entwicklungsprozesse in die Materie und benutzten hierzu die gleichen Symbole, die wir in den Träumen und Phantasien unserer Patienten im Verlaufe des Individuationsprozesses wiederfinden) hat C. G. Jung am deutlichsten in seiner »Psychologie der Übertragung« beschrieben.

Das Ei selbst ist eines der ganz großen weiblichen Symbole vom Urbeginn des Lebendigen, von Geburt und Wiedergeburt, von Neuanfang und Fruchtbarkeit. Auch seine Symbolik ist universell bei allen Völkern und Kulturen und erklärt sich eigentlich fast aus sich selbst heraus. Die Geburt der Welt aus einem Ei ist eine Phantasie, die sehr vielen Völkern dieser Erde gemeinsam ist. Man findet sie bei den Kelten, bei den Griechen, bei den Ägyptern, bei den Phöniziern, bei den Kanaanäern, bei den Tibetanern, den Hindus, den Vietnamesen, bei den Chinesen, den Japanern, bei Bevölkerungsgruppen in Sibirien und Indonesien und bei vielen anderen mehr.

Wie die Weltentstehung aus dem Ei vorgestellt wird, zeigt sehr schön der indische Mythos aus der Chândogya Upanishad, in der das Ei aus dem Nichtsein entsteht und von den Elementen befruchtet wird: »Am Beginn gab es nur das Nichtsein, und aus dem Nichtsein wurde das Sein. Es wuchs und verwandelte sich in ein Ei. Dieses ruhte ein ganzes Jahr, und dann spaltete es sich in zwei Fragmente der Schale. Die eine war aus Silber, die andere war aus Gold. Die silberne wurde zur Erde, die goldene zum Himmel. Das, was die äußere Schale war, wurden die Berge, das, was die innere Schale war, wurden die Wolken und die Nebel. Das, was die Adern waren, wurde zu den Flüssen, und die Flüssigkeit des Inneren wurde zum großen Ozean.«

Die kollektive Phantasie stellt sich auch in vielen Mythologien die Entstehung des Menschen aus dem Ei vor. Nach den ersten Aufzeichnungen der spanischen Konquistadoren existierte zum Beispiel in Peru die Mythe, daß der Schöpfergott von seinem Vater, der Sonne, forderte, Menschen zu erzeugen, um die

Erde zu bevölkern. Dieser schickt nun auf die Erde drei Eier. Aus dem ersten, einem goldenen Ei, entspringen die Herrscher, aus dem zweiten, einem silbernen Ei, ihre Frauen, und aus dem dritten endlich, einem kupfernen Ei, das Volk.

Als ein jedes Jahr aufs neue wiederauftretendes Wiedergeburtssymbol finden wir das Ei am Beginn des Frühlings, wenn die Natur zu neuem Leben erwacht, in Form des Ostereies wieder mit seinen vielen bunten Farben. Hier verbindet sich mit seiner Bedeutung des Uranfangs die immer wiederkehrende Wiedergeburt und Erneuerung. Es beinhaltet in seinem Sein auch die zwei großen Gegensätze des Eingeschlossenseins, der Geborgenheit und des Aufbruchs in die Freiheit, des Risikos des Lebens. Das Ei ist gleichzeitig das Nest, die Schale und der Busen der Mutter, wie auch das lebendige Küken, das die Schale zerbricht, um in die Freiheit auszubrechen. So entspricht es psychisch auch den beiden großen Gegensätzen, die sich im Menschen befinden, den Tendenzen der Extraversion und der Introversion. Es enthält die Keime des Guten und des Bösen genauso wie das Gesetz der Wiedergeburt und der angeborenen Strukturen der Persönlichkeit. In der Alchimie finden wir das philosophische Ei, das der Sitz, der Ort und das Subjekt aller Verwandlungen ist.

So können wir noch einmal zusammenfassend sagen, daß die Florine unseres Märchens an dieser Stelle als göttliche Hilfe etwas erhält, in dem symbolisch die Möglichkeiten und die Keime zu Wiedergeburt, Ganzheit und Erneuerung enthalten sind. Erst diese vier Eier ermöglichen ihr, den mühsamen Weg

zum König Charmant zu bewältigen, den Elfenbeinberg zu besteigen, den Spiegel zu überfliegen und
schließlich den Kontakt zum Geliebten wiederherzustellen. Diese Symbole erhält sie am Beginn ihrer
Reise in das magische Reich, das heißt in das Unbewußte, um dessen Durchquerung im Sinne einer
Nachtmeerfahrt bewältigen zu können, denn von hier
an trifft sie auf Hindernisse, die wir aus dem alltägli-
chen Leben nicht mehr kennen.

Wenn man „zu hoch" denkt

Da gelangte sie an einen Berg, der war ganz aus Elfenbein. Tausendmal versuchte sie, ihn zu erklimmen, aber immer wieder glitt sie ab. Da erinnerte sie sich der Eier, die ihr die Fee geschenkt hatte. Sie zerbrach ein Ei, und heraus fielen goldene Widerhaken, die sie an ihren Füßen und Händen befestigte.

Das erste dieser Hindernisse ist jener sonderbare Elfenbeinberg, der von Menschen nicht bestiegen werden kann, da er zu glatt ist. Auch Florine versucht zunächst, ohne Hilfsmittel diesen Berg zu ersteigen, gleitet aber immer wieder ab. Dieser Elfenbeinberg ist eine Variante des in vielen Märchen vorkommenden gläsernen Berges, eine Variante, die sich sonst in den Volksmärchen meines Wissens nicht findet, sondern wohl der persönlichen, barocken Phantasie unserer Autorin entspricht. Glas war zu dieser Zeit schon zu gewöhnlich, zu allgemein, zu wenig wertvoll, und so mußte es wohl Elfenbein sein. Symbolisch gesehen ist das Elfenbein infolge seiner Weißheit ein Symbol der Reinheit. Auch wird erzählt, daß der Thron des Salomo aus Elfenbein bestanden hätte und so seine Macht repräsentierte, und zwar im Sinne von Dauerhaftigkeit und Unzerstörbarkeit. Ich

125

meine aber, daß es sinnvoller ist, sich hier mit der Symbolik des Glasberges zu beschäftigen, der mit dem Elfenbeinberg die Glätte und Unbesteigbarkeit gemeinsam hat und sicher das ursprünglichere Märchensymbol ist.

Der Prinz oder die Prinzessin im Glaspalast oder, was dem entspricht, auf dem unersteigbaren, unbetretbaren Glasberg ist ein außerordentlich verbreitetes Märchenmotiv. Es beinhaltet, daß Animus oder Anima zu »hoch« sind, in einem Luftschloß wohnen und sich die eigene Gedanken- und Vorstellungswelt zu sehr in den geistig-oberen Bereich verloren hat, aus dem sie wieder erlöst und geerdet werden muß. In den meisten Märchen ist es, entsprechend der patriarchalen Bewußtseinseinstellung, die Anima, die auf dem Glasberg gefangen sitzt, und der Erlöser-Prinz muß diesen ersteigen. Ein typisches Beispiel hierfür ist das Grimmsche Märchen »Die Rabe«. In diesem Märchen sagt eine Königin ungeduldig zu ihrem unartigen Kind, indem sie das Fenster öffnet: »Ich wollte, du wärst ein Rabe und flögest fort, so hätte ich Ruhe.« Das Kind fliegt, in einen Raben verwandelt, von ihrem Arm fort durchs Fenster hinaus in einen dunklen Wald. Einem vorbeiwandernden Mann sagt sie, wie sie erlöst werden kann: »Geh weiter in den Wald, und du wirst ein Haus finden, darin sitzt eine alte Frau, sie wird dir Essen und Trinken reichen, aber du darfst nichts nehmen; wenn du etwas issest oder trinkst, so verfällst du in einen Schlaf und kannst mich nicht erlösen. Im Garten hinter dem Haus ist eine große Luhhucke, darauf sollst du stehen und mich erwarten. Drei Tage lang komme ich jeden Mittag um zwei zu dir in einem Wagen, der ist erst mit vier weißen Hengsten bespannt, dann mit vier roten und zuletzt mit vier schwarzen. Wenn du aber nicht wach bist, sondern schläfst, so werde ich nicht erlöst.« Der Mann verspricht, die Bedingungen zu erfüllen, aber jedesmal gelingt es der alten Frau, ihn wenigstens zu einem Schluck aus dem Glas zu verführen, so daß ihn die Prinzessin schlafend findet. Beim dritten Mal legt sie ein Brot neben ihn, ein Stück Fleisch und eine Flasche Wein; Speise und Wein werden nicht weniger. Danach nimmt sie einen goldenen Ring von ihrem Finger und steckt ihn an seinen Finger, und darin ist ihr Name eingegraben. Zuletzt legt sie einen Brief hin, darin steht, was sie ihm gegeben hat, und daß es nie alle würde, und es steht auch darin: »Ich sehe wohl, daß du mich hier nicht erlösen kannst, willst du mich aber erlösen, so komm nach dem goldenen Schloß von Stromberg, es steht in deiner Macht, das weiß ich gewiß.« Er machte sich auf die Suche nach jenem Schloß und gelangt mit Hilfe eines Riesen, den er durch die magische Nahrung der Prinzessin für sich gewonnen hat, dorthin. Es steht aber auf einem gläsernen Berge, und die verwünschte Jungfrau fährt in ihrem Wagen um das Schloß herum und geht dann hinein. Er freut sich, als er sie erblickt, und will zu ihr hinaufsteigen, aber wie er es auch anfängt, er rutscht an dem Glas immer wieder herunter. Da baut er sich betrübt am Fuße des Berges eine Hütte, um auf die Prinzessin zu warten. Nach einem Jahr gelingt es ihm, drei Räubern ein Pferd, das den Glasberg erklimmen kann, einen unsichtbar machenden Mantel und einen Stock, der die Türen zu öffnen vermag, abzulisten. Damit dringt er bis zur Prinzessin vor und wirft ihr den Ring in den Becher. So hatte er sie erlöst, und sie feierten Hochzeit.

Es gibt aber durchaus auch das Umgekehrte, nämlich daß, wie es indirekt auch in unserem Märchen der Fall ist, der Tier-Prinz auf den Glasberg verbannt ist. In dem norwegischen Märchen »Der weiße Bär-König Valemon« ist der König auf einen Glasberg gebannt, den die erlösende Heldin mit Klauen versehen erklimmen muß. Etwas Ähnliches finden wir auch in deutschen Märchen seit Grimm, und zwar in dem Märchen »Die Seidenspinnerin«. In diesem Märchen verpflichtet sich ein Mädchen, ein Würmchen, in welchem sich ein verzauberter Prinz verbirgt, drei Jahre lang herumzutragen, um seine Erlösung herbeizuführen. Nach jedem Jahr darf sie die Ihren besuchen unter der Bedingung einer pünktlichen Rückkehr. Beim dritten Mal verspätet sie sich, so daß der Wurm-Prinz in sein Reich entrückt ist. Sie wandert in die Welt, ihn zu suchen, und gelangt an einen Glasberg, der so glatt ist, daß sie ihn nicht erklimmen kann. Doch läßt sie sich in der Schmiede Hände und Knie beschlagen und kommt so über den Berg. Im Schloß des Königs verdingt sie sich als Seidenspinnerin und erkauft sich mit den drei goldenen Spinngeräten, die ihr eine Alte auf der Wanderung geschenkt hatte und welche die Königin von ihr begehrt, drei Nächte in der Kammer des Königs. Er erkennt sie, ist erlöst und heiratet sie.

In diesem letzten Märchen findet sich eine fast genaue Parallele zu dem uns vorliegenden französischen Volksmärchen. Auch hier muß die Heroine auf ihrem Weg zu dem erlösenden Tier-Prinz den Glas-berg überwinden, um endlich in das Schloß des Königs zu kommen. Genau wie in unserem Märchen muß sie sich die Gunst der Königin erkaufen durch die drei goldenen Spinngeräte, die sie ebenso wie in unserem Märchen von einer alten Frau am Beginn ihrer Wan-derung geschenkt bekommen hat. Zu guter Letzt finden wir dann auch hier wieder das Motiv der drei Nächte, die sie in der Kammer des Königs verbringt, um von ihm erkannt zu werden und ihn endgültig erlösen zu können.

Man kann heute nicht mehr sagen, ob unsere Autorin dieses Märchen gekannt hat und eine fast identische Motivkette entsprechend benutzte. Das ist aber auch unwesentlich. Die menschliche Phantasie ist in ihren archetypischen Strukturen nicht unend-lich, sondern webt bei aller vorhandenen Vielfalt doch immer wieder ähnliche oder gleiche Muster. Lange Zeit stand die Märchenforschung auf der Suche nach einer möglichst rationalen Erklärung auf dem Boden der sogenannten Migrationstheorie. Diese besagte, daß ein bestimmtes Märchenmotiv einmal irgendwo auf dieser Erde entstanden ist und dann durch Wanderungen, das heißt Erzählungen von Mund zu Mund oder durch schriftliche Aufzeichnun-gen, in andere Kulturen gelangt ist und sich hier-durch die Gleichartigkeit der Grundmotive und Grundstrukturen vieler Märchen erklären läßt. Erst als sich am Ende des vorigen und am Beginn unseres Jahrhunderts herausstellte, daß derartige Kontakte durch Wanderungen in vielen Fällen nicht nur unwahrscheinlich, sondern praktisch unmöglich gewesen sind, obwohl natürlich nicht bestritten werden kann, daß es eine Wanderung gegeben hat, trat neben diese Theorie die andere Theorie von der Entstehung des Gleichen an verschiedenen Orten. Diese besagt, daß entsprechend der archetypischen Struktur des kollektiven Unbewußten die menschliche Phantasie an den verschiedensten Orten dieser Welt immer wieder die gleichen Grundmotive entwickelt hat und hierdurch die oft verblüffende Ähnlichkeit der Märchenmotive zustande kommt. Letztlich werden immer wieder die gleichen Motive ihre psychische Faszination finden, ganz bestimmte seelische Sachverhalte des Menschen ansprechen und sich in bildlicher Form ausdrücken. So ist es auch für die Interpretation dieses Märchens und seiner Motive relativ gleichgültig, welche Vorkenntnisse von Märchen oder Märchenmotiven die Autorin unseres Märchens gehabt hat, sondern das psychologisch Wichtige ist, daß sie eben gerade diese Motive und diese Motivketten in einem bestimmten Märchen gestaltet hat, die im Gegensatz zu ihrem übrigen politischen Werk, das weithin in Vergessenheit geraten ist, seine Lebendigkeit und Faszinationskraft bis auf den heutigen Tag erhalten hat.

Die Besteigung des Glasberges kann nun durch vielerlei Hilfsmaßnahmen, wie wir gesehen haben, erfolgen: Einmal läßt sich das Mädchen von einem Schmied Hände und Knie beschlagen, wie in der »Seidenspinnerin«, ein andermal erbeutet der Heros ein magisches Pferd, dessen Hufe nicht an der glatten Oberfläche abrutschen, sondern das den Grat erklimmen kann; in dem norwegischen Märchen versieht sich die Heldin mit Tierklauen. Allen dreien gemeinsam ist das animalische Element, das besagt, daß die menschlichen Füße und Hände nicht geeignet sind, dieses Material zu bewältigen, sondern daß hierzu ein animalisches Teil erforderlich ist. In unseren Märchen sind es goldene Widerhaken, ein Werkzeug, das ebenfalls den Klauen der Tiere nachgebildet ist. Offensichtlich ist das Hindernis eines psychischen Höhenfluges, das Abdriften in einen zu hohen geistigen oder rationalen psychischen Zustand, nur durch den »niederen« Gegensatz zu überwinden, indem das Ich Kontakt zu seiner animalischen Seite aufnimmt.

Jeder Analytiker, der Patienten behandelt, die hohe Ideologien als Widerstände gegen verdrängte, unbewußte Inhalte aufgebaut haben, weiß, wie schwierig es ist, diese anzugehen, und wie notwendig hierfür die Herstellung der Verbindung mit etwas ganz Schlichtem, Einfachem, Instinkthaftem ist. So trifft auch hier wieder das Märchen sehr weise unter den Hilfsmitteln, mit denen dieser Glas- beziehungsweise Elfenbeinberg bezwungen werden muß, die richtige Wahl. Entscheidend ist es aber hier, daß das Ich Florines nicht wie der verzauberte Tier-Prinz Charmant selbst in die Tierform schlüpft, sondern menschlich bleibt, seine eigene Struktur bewahrt und lediglich zu Hilfsmitteln greift, die ihm die animalische Natur zur Verfügung stellt. Die Fähigkeit, seine animalischen Instinkte, Affekte und Triebbedürfnisse zu steuern, gehört ja gerade zu eben jenen Ich-Funktionen, die dem Tier-Prinzen nicht zur Verfügung gestanden haben. Charmant war, wie wir im Vorangegangenen ausgeführt haben, seinen Gefühlen und Trieben ziemlich blind ausgeliefert. Hinter oder unter dem geistig-rationalen Zu-Hoch der Ideologie-bildung steht ja die Abwehr gegen eine sehr tiefe, unbewußte, vom Ich nicht zu steuernde Triebhaftig-keit. Sofern solche Ideologiebildungen kollektiv wer-den, gehören sie oft zu den dunkelsten Kapiteln der menschlichen Geschichte. Man braucht nur an den Herrenmenschen der Nationalsozialisten oder die Hexenverfolgungen der Inquisition zu denken, wo unter sehr hohen ideologischen Vorstellungen eine tiefe, nicht zu steuernde sadistische und brutale Aggressivität entstand. Wir finden dieses Phänomen überall und immer wieder auch in unserer heutigen Welt; man denke an den schamlosen Hintergrund der materiellen Ausbeutung, den viele Sekten unter dem Deckmantel hoher religiöser Ideale betreiben. Man denke auf der anderen Seite aber auch an die brutale Unterdrückung andersartiger Ideen und Vorstellun-gen, die von denen ausgehen, deren Ideologie das Gleichgewicht des Schreckens ist.

Der magische Spiegel

So gelangte sie auf die Spitze des Berges. Hier begeg-
nete sie einem neuen Hindernis: die andere Seite des
Berges war ein einziger riesiger Spiegel, zwei Meilen
breit und sechs Meilen hoch. Darin spiegelten sich
Tausende und aber Tausende von Frauen und Män-
nern aus der ganzen Welt, denn jeder sah sich darin,
nicht wie er war, sondern wie er gern sein wollte; alle
Schönheitsfehler wurden unsichtbar.

Es handelt sich hier offenbar um einen magischen
Spiegel, wie wir ihn aus vielen anderen Märchen
kennen. Man denke nur an den Spiegel in »Schneewittchen«, bei dem es auch um die Schönheit geht
und der der Königin jeweils antwortet, wer die Schönste im ganzen Lande sei. Dieser Spiegel hier tut aber
noch etwas anderes. Er spiegelt nicht die Wahrheit
wider, sondern einen Schein: Er verschönt die Menschen, die in ihn hineinsehen, und läßt alle ihre Fehler
verschwinden. Dieser Spiegel erinnert ein Stück weit
an das bekannte Märchen von Oscar Wilde über das
Bildnis des Dorian Gray, dieses Bild, das bis zu
einem gewissen Zeitpunkt auch ewige Jugend und
Schönheit für seinen Träger widerspiegelt. Charakteristisch für unser Märchen ist, daß dieser Spiegel offen-

bar eine kollektive Bedeutung hat, denn er gehört nicht einem einzelnen, besonders hervorgehobenen Menschen, sondern es sind Abertausende von Frauen und Männern aus der ganzen Welt, die sich in diesem Spiegel sehen.

Psychologisch gesehen wird hier sicher etwas ganz Frühes angesprochen, etwas, das der amerikanische Analytiker Kohut ausführlich behandelt hat, nämlich der »Glanz im Auge der Mutter«, in dem sich der Säugling ganz früh widerspiegelt, sofern eine positive Beziehung zwischen Mutter und Kind vorhanden ist. Für die Mutter, sofern sie – was natürlich auch vorkommt – das Kind nicht von Anfang an total ablehnt, ist das eigene neugeborene Kind das schönste der Welt. Es gibt für sie keine anderen Kinder, die schöner sind als dieses eigene, und alle Schönheitsfehler, die es besitzen mag, verschwinden in dieser liebevollen Beziehung. Das Kind fängt mit seiner eigenen Seele diese frühe Bestätigung auf und fühlt sich in ihr geborgen. Sie ist eine unerläßliche Voraussetzung für die Entwicklung eines gesunden Selbstwertgefühls und begleitet uns als eine tiefe, einmal ganz früh erfahrbare Wahrheit und Sicherheit durch unser ganzes Leben. Dieser primäre frühe Narzißmus mit seiner Aussage: »Ich bin das schönste Kind dieser Welt« ist so wichtig für das einzelne Individuum, daß trotz allen besseren Wissens um die eigenen Mängel, über das wir im späteren Leben verfügen, ein Rest dieser frühen Gewißheit seelisch untergründig erhalten bleibt und den Eckstein unserer inneren Erfahrung und unseres subjektiven Sicherheitsgefühls als eines einmaligen wertvollen Individuums bildet.

Dieser positive Akzent der Symbolik des Spiegels drückt sich in den Vorstellungen sehr vieler Völker aus: So heißt es sowohl in den Initiationsriten und Erzählungen des Abendlandes als auch Chinas genauso wie bei den Dichtern, zum Beispiel Mallarmé oder Novalis, vom Spiegel, daß er wie die Sonne, wie der Mond, wie das Wasser, wie das Gold klar und brillant das widerspiegelt, was der Mensch eigentlich in seinem Herzen hat. Der magische Spiegel der Taoisten schützt gegen bösartige Einflüsse, und in Japan ist er ein Symbol der perfekten Reinheit der Seele und eine Reflexion des Selbst auf das Bewußtsein.

In allen diesen Vorstellungen hat der Spiegel nicht nur die Funktion, ein Bild zu reflektieren, sondern die Seele verbindet sich mit diesem Bild und durchläuft durch diese Verbindung auch eine Veränderung. Es existiert also eine magische Beziehung zwischen dem betrachteten Subjekt und seinem Spiegelbild.

Wie alle großen Symbole hat natürlich auch der Spiegel seine Schattenseiten. Er zeigt alles seitenverkehrt und legt dem naiven Betrachter die Vermutung nahe, daß irgend etwas nicht mit rechten Dingen zugehe, und es gibt eine weitverbreitete Meinung, daß derjenige, der nachts in den Spiegel sieht, hinter sich den Teufel sichtbar macht. Der Spiegel verführt auch zur Eitelkeit, die, wie in der Mythe vom Narzissus, eine Selbstbezauberung hervorrufen kann. Wenn wir auf unsere vorhin geäußerte These von der Spiegelung in den Augen der Mutter zurückgreifen, so würde ein Festhalten an dieser frühen Selbstliebe oder ein Überwuchern der Vorstellung von der eigenen Einmaligkeit zum Größenwahn oder zu einem Verharren auf einer ganz frühen kindlichen Stufe, das heißt zu einer mangelhaften Reifung führen.

So vermeidet Florine wohl mit Recht, diesen Spiegel zu betreten und ihn dadurch zu trüben oder zu zerbrechen. Sie hört auf die verzweifelten Schreie aller der Frauen und Männer, die dieses befürchten, und zerbricht nun ihr zweites Ei, aus dem sie ein fliegendes Gefährt, eine von zwei Tauben gezogene Kutsche, erhält. Mit dieser ist sie in der Lage, sich über den Spiegel zu erheben und fliegend auf die andere Seite dieses Bereiches zu kommen. Sie tut das zu Recht, denn einerseits darf dieser Spiegel infolge seines hohen Wertes für das kollektive Unbewußte auf keinen Fall zerstört werden, und andererseits muß sie vermeiden, seiner Verzauberung zu verfallen, weil sie dann, wie Narziß in ewige Betrachtung ihrer eigenen Schönheit verloren, ihren Weg nicht fortsetzen könnte.

Die fliegende Kutsche
der Phantasie

Die Königin in ihrer Not zerbrach ein zweites Ei, und heraus flogen zwei Tauben, die eine Kutsche zogen, die sofort die für Florine notwendige Größe annahm. So erreichte die Königin die Stadt, wo der König Charmant regierte.

So kommen wir nun zu der Symbolik der fliegenden Kutsche. Sie ist schon einmal aufgetaucht an der Stelle, wo der Zaubererfreund des Königs Charmant diesem eine derartige Kutsche, die allerdings von Kröten gezogen wurde, zur Verfügung stellte. Sie erfüllte zwar auch ihre Funktion, die Insassen dieser Kutsche schnell und ohne Hindernisse ans gewünschte Ziel zu bringen; aber es stellte sich seinerzeit heraus, daß infolge des Einflusses der Truitonne das Ziel genau das verkehrte war. Alle diese Flugwesen haben, wie wir es auch bereits bei unseren Überlegungen zur Symbolik des blauen Vogels angesprochen haben, einen sehr engen Zusammenhang mit der menschlichen Phantasie. Sie stellen in der Regel Phantasien oder intuitive Ideen dar, die entweder durch den Vogel selbst oder durch geflügelte Wesen wie Merkur, Morpheus, die Genien, die Engel dargestellt werden. Das den Vögeln nachfolgende oder von ihnen transportierte Gefährt hat die Bedeutung eines Systems, einer Methode oder eines Weges, mit dem das vorausphantasierte Ziel erreicht werden kann. Immer geht zuerst der Gedankenflug voran, aber der Mensch, der kein Gott ist und nicht in der Lage, einen Regenbogen zu beschreiten, muß mit den nachfolgenden Mitteln des Nachdenkens, des Aus- und Durcharbeitens die menschliche Möglichkeit schaffen, dem Flug seiner Phantasie zu folgen.

Der Dichter Jean Paul sah in der menschlichen Phantasie die Grundlage aller Kunst. In seinem Aufsatz »Über die natürliche Magie der Einbildungskraft« unterschied er zwischen einer genießenden und einer schaffenden Phantasie, von denen die erstere »die poetische Seele sei, die den Sinn des Unendlichen feiner hat«, während die schöpferische ihn versorgt und nährt. In poetischen Ausdrücken spricht der Dichter davon, daß die Phantasie ihm innerhalb seines Kopfes einen Blumengarten vor die Seele stellt. Während die Sinne die Natur mit fünf verschiedenen Platten abdruckten, täte es die Phantasie als »Sensorium commune« mit einer. So sei diese nicht der Nachklang der Sinne, sondern das »unisono« derselben.

Auch wir kennen heute zwei Seiten unserer Tagesphantasien: Erstens eine konstruktive und prospektive Seite, in der die Phantasie dazu dient, das Bewußtsein zu erweitern. Sie stellt damit für den betreffenden Menschen eine wertvolle Hilfe zu seiner Entwicklung dar, indem sie ihm hilft, seine Probleme zu lösen. Diese Form ist schon von Goethe als die »exakte Phantasie« beschrieben worden.

Zweitens eine destruktive Seite, die in reine Lusterfüllung versinken läßt, wie zum Beispiel eine übermäßige Tagträumerei, die den Umgang mit der Realität erschwert, wenn nicht sogar in besonders schweren Fällen unmöglich macht.

Wenn wir uns diese Auffassungen der menschlichen Phantasie in der Symbolik des fliegenden Wagens zu eigen machen, so verstehen wir auch, warum der erste Ansatz des Prinzen Charmant scheitern mußte. Er war ganz offenbar dem reinen Lustprinzip untergeordnet, denn blind für alles um ihn herum und ohne eine sorgfältige Realitätsprüfung folgte er den Wünschen der Schattenanima Truitonne, um in kindlicher Ungeduld so schnell wie möglich an das Ziel seiner Wünsche zu gelangen.

In diesem zweiten Fall löst Florine aber eine notwendige Aufgabe mit der erforderlichen Umsicht. Sie nimmt das Hindernis des Spiegels wahr, sie hört auf die Stimmen, die aus dem Unbewußten hörbar werden und den Erhalt dieses Spiegels für notwendig erachten und sie auch, ohne es direkt auszusprechen, ein Stück weit davor warnen, in eine Selbstbespiegelung zu verfallen. Die kreative Phantasie, die ihr von der gütigen und positiven Mutterfigur als Hilfsmittel in die Hand gegeben worden ist, wird hier also zur Lösung einer Lebensaufgabe und zur Bewältigung eines Weges benutzt, den wir in übertragenem Sinne als den Individuationsweg ansehen können. Alles das geschieht auch nicht in Hast und ungeduldiger Eile, denn obwohl die Zeit drängt, stürzt sich Florine nicht, wie wir am Schluß des Märchens gesehen haben, blindlings in die Arme des Königs. Sie entwickelt im

Gegenteil eine sinnvolle »Methode«, mit der sie an ihrer Nebenbuhlerin, die den destruktiven Schattenkomplex darstellt, vorbeigehen kann, um sie dann schließlich mit Hilfe des Königs nach erfolgter Wiedervereinigung und Aufklärung zu entmachten.

Genauso wie Florine das hier tut, kann man auch in der Analyse des Unbewußten einen Komplex niemals direkt angehen, da er mit seinen Abwehrsystemen viel zu stark gesichert ist und man daran scheitern würde. Es geht nur auf einem indirekten Wege, der oft so langwierig ist wie die Analyse der Kindheitsbedingungen und -hintergründe. Immer muß aber zuerst eine Ich-Stabilisierung vorausgehen. Diese Stabilisierung des Ich stellt sich in unserem Märchen symbolisch dadurch dar, daß Florine als weiblicher Ich-Komplex eine reale Vereinigung mit König Charmant als dem Animus und mit ihren tieferen seelischen Kräften herstellen muß, um ihrem Schatten (Truitonne) erfolgreich entgegentreten zu können.

Die klingende Kammer

»Für Geld ist mir der Schmuck nicht feil. Wenn Ihr
mich aber eine Nacht in der klingenden Kammer des
Königspalastes schlafen laßt, sollt Ihr ihn haben.«
»Aber gern«, lachte Truitonne, »wenn's weiter nichts
ist!« Und dabei entblößte sie ihre Zähne, die länger
waren als die Hauer eines Wildschweines.
Die klingende Kammer aber – so hatte einst der
blaue Vogel Florine erzählt – lag unter dem königlichen Schlafgemach und war so gebaut, daß der
König selbst das leiseste Wort vernehmen konnte,
was darin gesprochen wurde.
Florine wurde in die Kammer geführt und seufzte die
ganze Nacht:
»Grausamer Vogel, du hast mich vergessen. Du liebst
meine unwürdige Rivalin, und der Schmuck, den ich
aus deiner treulosen Hand empfing, hat mich nicht in
dein Gedächtnis zurückgerufen, so weit bin ich daraus
entfernt.«
Aber der König, der seit seiner Trennung von Florine
Opium nahm, um schlafen zu können, hörte nichts.

Es bleibt uns zum Abschluß noch eine kurze Besprechung des letzten Teils: der »Methode« der erfolgreichen Wiedervereinigung der beiden Liebenden und damit der geglückten Vereinigung der Gegensätze.

Zunächst könnte man erwarten, daß nach rationalen Gesichtspunkten das Märchen hier zu Ende wäre und für Florine nichts anderes mehr zu tun wäre, als sich dem König Charmant zu erkennen zu geben. Dies ist ein Ende, das es auch in anderen Märchen und Mythen gibt, wo das Erkennen der wahren Braut oder des wahren Bräutigams ausreicht, um das Böse zu entmachten. Märchen folgen aber nicht rational-logischem Verhalten, sondern da sie in symbolischer Weise die zahllosen verschiedenen Erlebnis- und Verhaltensmöglichkeiten darstellen, taucht hier nun ein neues Problem auf. Offenbar ist hier die Macht des Bösen und Dunklen, die Überschattung des Bewußtseins so stark, daß es dem positiven psychischen Inhalt, der durch Florine verkörpert wird und der jetzt bis an die Schwelle des Bewußtseins gelangt ist, noch schwerfällt, diese zu überwinden und sich entsprechend bemerkbar zu machen, um auch angenommen zu werden. Sie muß jetzt drei Nächte in der »klingenden Kammer« verbringen, und erst beim dritten Versuch gelingt ihr der Kontakt zum König, womit dann die endgültige Beziehung zwischen dem Ich und dem unbewußten Komplex hergestellt wird. Wir können diesen Vorgang von zwei Gesichtspunkten her betrachten. Identifizieren wir uns mit Florine und setzen wir sie als das Symbol des bewußten Ich, so wird vom Bewußtsein eine weitere Anstrengung verlangt, um die eigene Animus-Seite zu erkennen; identifizieren wir uns dagegen mit dem König als dem Ich-Komplex, so ist es das Unbewußte, seine Anima, die so lange nicht nachläßt, bis das Ich schließlich auf sie hört.

Die Zahl Drei beziehungsweise die Lösung von drei Aufgaben, die im Märchen zum Heil und zum Erfolg führen, hat eine außerordentliche Verbreitung. Es gibt unzählige Märchen, in denen diese Dreizahl von Aufgaben auftaucht, wie zum Beispiel in dem schon erwähnten Märchen »Frau Holle« und in »Aschenputtel«. Im ersten muß die Goldmarie beziehungsweise die Pechmarie erstens die Brote aus dem Ofen ziehen, zweitens die Äpfel ernten, drittens das Haus der Frau Holle säubern; im zweiten muß die wahre Braut dreimal auf den Ball gehen, bis der König endlich den Schuh erwischt, mit dem er sie identifizieren kann. Die Zahl Drei gilt allgemein als eine dynamische Zahl. So finden wir sie zum Beispiel in dem Fortschreiten der Zeit in der Einteilung Vergangenheit, Gegenwart und Zukunft. Innerhalb des Hegelschen Systems findet ein Dreischritt statt, indem zunächst eine These aufgestellt wird, die dann eine Antithese nach sich zieht, woraufhin beide wieder in einer Synthese vereinigt werden. Hier tritt die Drei bereits als ein Ganzheitssymbol auf beziehungsweise als ein Symbol der Vereinigung, das wir schon bei Laotse im Tao te king finden. Dieser sagt:

»Die Eins erzeugt die Zwei,
die Zwei erzeugt die Drei,
und die Drei erzeugt alle Dinge.«

143

Auch im pythagoreischen Zahlensystem hat die Drei diesen Symbolwert. Eins gilt als die ursprüngliche Einheit und Totalität vor aller Bewußtheit. Die Zwei erzeugt die Gegensätze und ermöglicht es, eine Sache von der anderen zu unterscheiden, indem sie gleichzeitig auch ein Stadium des Konfliktes repräsentiert. Drei dagegen ist die Summe von Eins und Zwei und vereinigt die beiden wieder mit sich selbst, wobei sie den Konflikt, der in der Zwei gelegen hat, wieder löst.

C. G. Jung hat die Dreizahl als eine unvollständige Einheit angesehen, aus der das Vierte herausgenommen worden sei und wieder hinzugefügt werden müsse. In seiner Zielvorstellung von der Individuation spielt die Vier die dominierende Rolle, wobei er sich so äußert, daß der Rhythmus zwar in drei Stufen aufgebaut ist, aber das am Schluß resultierende System eine Quaternität darstellt. Dies trifft auch sicher zu für den Endzustand eines Entwicklungsprozesses. Die Drei hingegen ist mehr der Ausdruck eines Archetyps, der Struktur und Sinn in die dynamischen und zeitgebundenen Ereignisse des menschlichen Lebens bringt. So kann man auch in unserem Märchen sagen, daß die Dynamik der Dreizahl mehr bei den liebenden menschlichen Figuren, die ihr weiteres Leben noch vor sich haben – dem König Charmant und Florine – liegt, die Vierzahl aber bei den in diesem Märchen auftretenden Figuren des Zauberers und der gütigen Fee auf der einen Seite und der bösen Fee Sussio und ihrer Tochter Truitonne auf der anderen. Diese Figuren sind ewig und entsprechen im Märchen den Götterfiguren der Mythologien. Bei dieser magischen Vierzahl hat bis zum Ende des Märchens immer eine gefehlt. Zuerst war nur der Zauberer da, der Freund des Königs Charmant, dessen Hilfe allein offensichtlich nicht ausreichte, um die böse Zwei – Truitonne und ihre Mutter – zu überwinden. Nachher war es allein die gütige Fee, die Schwester der Sussio, die Florine beistand und ihr den Weg in die Stadt und die Wiederaufnahme der Beziehung zu Charmant ermöglichte; aber erst das Zusammentreffen der beiden, des Zauberers und der guten Fee, kann das Böse beherrschen und zunächst wieder ins Unbewußte abdrängen mit der Problematik, die wir vorher ja bereits besprochen hatten.

Die klingende Kammer ist eine Einrichtung, die jedem, der alte Schlösser und Burgen besucht hat, bekannt sein dürfte. In sehr vielen dieser Gebäude waren derartige Horch- oder Abhörmöglichkeiten eingebaut, wo es die akustischen Phänomene ermöglichten, an einer ganz bestimmten Stelle Dinge zu hören, die weit entfernt gesprochen wurden. Psychologisch gesehen entspricht diese Wahrnehmungsfähigkeit auf die Entfernung hin, der ein etwas wunderbarer, anscheinend übernatürlicher Charakter anhaftet, am ehesten der Funktion der Intuition, der Fähigkeit, das in einer Sache liegende Mögliche zu erahnen, ohne es bereits deutlich greifbar als Faktum vor sich zu haben. Auch in der Umgangssprache kann sich das niederschlagen; obwohl im Deutschen die Intuition eher mit der »guten Nase« für etwas verbunden ist, benutzt man auch die Version: »Eine Ahnung hat mir dieses oder jenes gesagt.« Die Intuition ist viel mehr als das Fühlen, Denken und Empfinden auf

sehr geringfügige Reize und Signale aus dem Vorbe-
wußten und Unbewußten angewiesen und kann
daher unter dem Einfluß eines Betäubungsmittels auf
keinen Fall funktionieren. Sie ist diejenige Funktion,
die am ehesten und leichtesten störbar ist. So ist die
Botschaft aus der klingenden Kammer für einen vom
Opium umnebelten König nicht vernehmbar, und
Florine muß als letztes noch das Opfer ihrer Perlen
bringen, und auf der anderen Seite muß der König es
aushalten, in seine eigene nächtliche Unruhe und
Schlaflosigkeit hineinzuhören, um die Stimme Florines zu vernehmen.

Das letzte Opfer

Als der Morgen graute, begab sich die arme Florine,
unkenntlich in ihren schmutzigen Kleidern, in das
Gotteshaus und lehnte sich unweit des Thrones an
eine Marmorsäule. Hinter dem König erschien
Truitonne, reich gekleidet, aber zum Fürchten häßlich.
Als sie die schmutzige Bäuerin erblickte, rief sie:
»Wer bist du, daß du wagst, meinem goldenen Thron
so nahe zu kommen?«
Aber Florine zog die mit Smaragden besetzten
Schmuckstücke aus dem Sack, die sie einst von dem
blauen Vogel geschenkt bekommen hatte. Truitonne
war entzückt und ging gleich zum König, um sie ihm
zu zeigen. Dieser erbleichte, denn er erkannte den
Schmuck und sagte:
»Dieser Schmuck ist mein ganzes Königreich wert.«
Truitonne setzte sich wieder auf ihren Thron wie eine
Auster, die in ihre Schale zurückkehrt; sie fragte die
vermeintliche Bäuerin, wieviel sie dafür haben wolle.

Es bleibt uns noch, die Symbolik der Geschenke
zu besprechen, mit denen Florine die Truitonne
überreden kann, sie in die klingende Kammer zu
lassen. Zunächst überläßt Florine ihr den Schmuck,
den der blaue Vogel der Florine gebracht hatte.

Diese Fähigkeit, äußere Werte fortzugeben, entspricht der Introversion, die wir vielleicht am deutlichsten ausgeprägt in dem Märchen von den »Sterntalern« finden, wo die kleine Heldin des Märchens praktisch alles, was sie an Äußerem besitzt, bis auf ihr Hemd fortgeben muß, um dann im Wald der Werte teilhaftig zu werden, die der innere Sternenhimmel vermitteln kann.

Etwas sehr Merkwürdiges ist aber wieder an dieser Geschichte mit dem Schmuck. Truitonne zeigt diesen Schmuck dem König Charmant, dieser erkennt den Schmuck wieder und äußert, daß er sein ganzes Königreich wert sei. Er zeigt auch offensichtlich ein heftiges Gefühl, denn im Märchentext heißt es, daß er bei seinem Anblick erbleichte. Ebenso wie später bei der klingenden Kammer seine Intuition, scheint aber an dieser Stelle auch sein logisches Denken gestört zu sein. Eigentlich müßte er die Truitonne fragen, woher sie den Schmuck habe. Er ist ja so etwas wie die älteste Form des Symbolon, und man erzählt sich auch, daß dieser Begriff im alten Griechenland daher entstanden ist, daß in frühen Zeiten, als die Wege beschwerlich waren und man sich wenig sah, der Freund dem Freunde beim Abschied die Hälfte eines Ringes überreichte und die andere für sich behielt. Kam später ein Angehöriger des Zurückgebliebenen in die entfernte Stadt oder umgekehrt, so zeigte man die Hälfte des Ringes vor, und diese wurde mit der anderen Hälfte zusammengelegt. Dieses Zusammenlegen oder Zusammenwerfen ist die wörtliche Übersetzung des griechischen Wortes Symbolon, von dem sich das Symbol herleitet. So ist, wie im alten Griechenland der halbe Ring, auch dieser Schmuck eigentlich ein Erkennungszeichen, auf das der König hätte anders reagieren sollen, wenn er nicht durch seinen depressiven Zustand allzu stark gestört gewesen wäre. Das klare, denkende Überlegen, das sonst dem Männlichen zugeschrieben wird, scheint hier mehr durch die weibliche Figur der Florine verkörpert zu sein, wie auch die gut funktionierende Intuition, mit der sie erfolgreich auf die Begehrlichkeit der Truitonne spekuliert.

Da Florine auch durch die Entäußerung des Schmucks nicht zu einem Erfolg gekommen ist, bleibt ihr nichts anderes mehr übrig, als wieder einen Rückgriff in den magischen Bereich zu machen und die zwei letzten Eier zu opfern, die sie von der gütigen Mutter-Fee erhalten hat. So nimmt sie wieder Verbindung mit den tieferen Schichten ihres Unbewußten und ihrer Weiblichkeit auf, was dann schließlich auch zum Erfolg führt. Wir sollten es uns an dieser Stelle ersparen, sehr ausführlich auf die Symbolik dessen einzugehen, was in diesen beiden letzten Eiern enthalten ist, nämlich der von den Mäusen gezogene Wagen, in dem Ratten als Passagiere sitzen, und diese merkwürdige, aus sechs sprechenden Vögeln bestehende Pastete, wobei diese Vögel noch über eine außerordentliche Gelehrsamkeit verfügen. Der Wagen ist hier, im Gegensatz zu dem Wagen, den der König Charmant von seinem Zauberer-Freund erhalten hat und dessen Symbolik wir schon an früherer Stelle besprochen haben, ein reines Spielzeug. Beide, dieser Wagen und die Pastete, entsprechen wohl mehr der barocken, persönlichen Phantasie der Autorin dieses Märchens als den üblichen kollektiven Symbolen, die wir in den alten Volksmärchen finden. Es möge hier der Hinweis genügen, daß gerade die Pastete ein außerordentlich passendes Symbol für die beginnenden Ansätze der Emanzipation der Frau im geistigen Bereich ist. Einerseits weisen diese Vögel mit ihrer Fähigkeit, wahrsagen zu können, auf die uralte sybillische Rolle der Frau als Priesterin und Wahrsagerin, wie zum Beispiel die Pythia im Delphischen Orakel, zurück, und andererseits verstehen sie mehr von Medizin als Äskulap. Weibliche Ärzte gab es zu dieser Zeit nicht; aber nicht zu Unrecht beansprucht dieses Symbol, das ja von der großen Mutter herkommt, das Wissen um die heilenden Kenntnisse und Fähigkeiten für sich. Es ergibt auch sicher einen Sinn, daß gerade das Heilende und das Nährende in diesem Symbol verbunden sind, das endgültig zu dem Erfolg der Vereinigung der beiden Liebenden führt.

So können wir an dieser Stelle abschließen und nach dem wie fast immer glücklichen Ausgang des Märchens sagen: »Und wenn sie nicht gestorben sind, so leben sie auch heute noch in unseren Seelen weiter.«

1 »Der blaue Vogel« aus: Französische Märchen. Herausgegeben
und übertragen von Ré Soupault. Copyright © 1963 by Eugen
Diederichs Verlag Köln

2 Aus: Joseph Campbell, Der Heros in tausend Gestalten, Frank-
furt 1953

3 Dieser Text stammt aus der Regierungszeit Ramses' V. (etwa
1160 v. Chr.), aus dem Papyrus Chester Beatty, wobei Teile der
Geschichte, wie der Streit zwischen Horus und Isis, bis um das
Jahr 2000 v. Chr. zurückzuverfolgen sind.

4 Hans Dieckmann, Märchen und Symbole, Bonz Verlag 1974

5 Nach: Altägyptische Märchen, übertragen und bearbeitet von E.
Brunner-Traut, Düsseldorf-Köln 1963

Von der Wirklichkeit der Träume

Leseprobe aus
Hans Dieckmann · Umgang mit Träumen
3. Auflage 1984
Reihe »Stufen des Lebens«

Es ist im Grunde genommen ein sehr merkwürdiges Phänomen, daß die meisten Menschen unserer heutigen Zeit von ihren Träumen sehr wenig halten, kaum auf sie achten, sie relativ schnell wieder vergessen und, wenn sie einmal einen Traum behalten, damit auch recht wenig anzufangen wissen. Gleichzeitig beklagen sie sich über die Eintönigkeit und die Eingeengtheit ihres Daseins, über fehlende Sinnbezüge und mangelnde Erlebnisse. Dabei steht ihnen in ihren eigenen Träumen eine ganze Erlebniswelt zur Verfügung, die sie in unbekannte Länder und Gegenden zu merkwürdigen und spannenden Begegnungen, zu ganz unbekannten Bereichen und unter Umständen sogar in eine märchenhafte und mythologische Welt führen kann.

Wir können uns jede Nacht in einem anderen Bereich befinden, wir können jede Nacht in einem anderen Alterszustand sein, und wir können uns jede Nacht in einer anderen Objektwelt und in der Beziehung zu anderen, uns völlig unbekannten Personen bewegen. Trotzdem bleibt die gleiche Erlebnisqualität sowohl im Traum wie im Wacherleben, ein Phänomen, das schon vor vielen Jahrhunderten den berühmten chinesischen Philosophen Chuang-tzu zu der nachdenklichen Frage veranlaßte: »Heute nacht träumte ich, ich sei ein Schmetterling und flöge auf einer Wiese voller Blumen. Nun, da ich aufgewacht bin, weiß ich nicht recht, bin ich nun ein Mensch, der geträumt hat, ein Schmetterling zu sein, oder bin ich ein Schmetterling, der jetzt träumt, ein Mensch zu sein?«

Der Traum ist die Sprache unseres Unbewußten, das in der Nacht, während wir schlafen, weiter unermüdlich tätig und wirksam ist, was, wie wir heute wissen, für unsere psychische Gesundheit und die Aufrechterhaltung unseres inneren Gleichgewichts unbedingt erforderlich ist. Da der Traum in Erlebnissen spricht und in Symbolen und nicht in einer bestimmten Landessprache, ist er die einzige uns bis heute verbliebene Universalsprache der Menschheit, die unabhängig von Herkunft und Nationalität von jedem verstanden werden könnte. Wenn auch die Inhalte unserer Träume durch unsere Umgebungskultur oder Zivilisation stark beeinflußt sind, so ist doch eine tiefere kollektive Schicht, die sich oft in mythologischen Bildern ausdrückt, bei der gesamten Menschheit gleich, so wie wir auch auf der ganzen Welt immer wieder die gleichen Märchen- und Mythenmotive finden, die von der menschlichen kollektiven Phantasie zu verschiedenen Zeiten immer wieder neu in ähnlichen Kombinationen und Symbolen dargestellt worden sind. Es ist eine Sprache, deren Sinnbedeutung man verstehen kann, die aber bestimmt nicht einfach zu erlernen ist, für einen Deutschen sicher nicht leichter als das Erlernen der chinesischen Schriftsprache. Aber selbst wenn wir unsere Träume nicht verstehen, üben sie eine Wirkung auf uns aus, die wir dadurch, daß wir uns mit ihnen beschäftigen, steigern können, eine Beschäftigung, die uns Erkenntnisse und zusätzliche Erfahrungen zu vermitteln in der Lage ist.

Wir wissen heute mit Sicherheit, daß jeder Mensch in jeder Nacht mehrere Träume hat, da es der Psychologie durch experimentelle Untersuchungen in sogenannten Schlaflaboratorien gelungen ist, festzustellen, welche körperlichen Reaktionen während des Träumens im Schlaf auftreten. Das hervorstechendste Merkmal derartiger Traumphasen ist, daß im Schlaf unter den geschlossenen Augenlidern in dem Augenblick feinschlägige Augenbewegungen festzustellen sind, in dem ein Traum beginnt, und daß diese Bewegungen wieder aufhören, wenn der Traumvorgang beendet ist. Durch die Messung dieser und anderer körperlicher Reaktionen ist es gelungen, zu beweisen, daß auch die Menschen träumen, die von sich behaupten, sie hätten nie einen Traum gehabt, und daß die Traumtätigkeit zu den ständigen physiologischen Vorgängen unseres Körpers gehört und unabhängig von unserem Willen und unserer bewußten Steuerung im Schlaf immer vorhanden ist. Entzieht man einem Menschen diese Traumtätigkeit, das heißt, weckt man ihn jedesmal sofort auf, wenn eine derartige Traumphase eintritt, dann treten bei dem Betreffenden schwere psychische Gestörtheiten auf, die bis zu Zuständen gehen können, die einer Geisteskrankheit gleichen. Der erwachsene Mensch hat im Durchschnitt pro Nacht drei bis vier solcher Traumphasen und dementsprechend auch eine gleiche Anzahl von Träumen, an die er sich bei einem unmittelbaren Aufwecken nach Abschluß einer derartigen Phase auch erinnern kann. Im Verlauf des menschlichen Lebens schwanken diese Phasen etwas und verändern sich. Der höchste Anteil ist in der Kindheit zu finden und beträgt im Alter von vier Jahren 30 Prozent, um bis zum 20. Lebensjahr auf rund 25 Prozent zu sinken. Er bleibt dann relativ konstant bis in das Alter, und erst im Greisenalter, das heißt mit ca. 80 Jahren, sinkt der Anteil der Traumphasen im Schlaf auf etwa 20 Prozent. Das bedeutet also, daß wir etwa ein Viertel unserer Schlafzeit im Traum bzw. träumend verbringen und daß jeder, der sich darum bemüht und diesen Prozeß nicht gerade blockiert, über einen Teil dieser nächtlichen Erlebniswelt auch bewußt verfügen könnte.

Weisheit im Märchen
Herausgegeben von Theodor Seifert

THEODOR SEIFERT · SCHNEEWITTCHEN

ANGELA WAIBLINGER · RUMPELSTILZCHEN

INGRID RIEDEL · HANS MEIN IGEL

HELMUT REMMLER · DER KÖNIGSSOHN,
DER SICH VOR NICHTS FÜRCHTET

VERENA KAST · DER TEUFEL
MIT DEN DREI GOLDENEN HAAREN

HILDEGUNDE WÖLLER · ASCHENPUTTEL

HANS JELLOUSCHEK · DER FROSCHKÖNIG

LUTZ MÜLLER · DAS TAPFERE SCHNEIDERLEIN

FRANZ KAUFMANN · DER GESTIEFELTE KATER

ROSMARIE BOG · DAS WASSER DES LEBENS

HANS DIECKMANN · DER BLAUE VOGEL

HELMUT HARK · DER GEVATTER TOD

URSULA ESCHENBACH · HÄNSEL UND GRETEL

UWE STEFFEN · DIE ZWEI BRÜDER

HELMUT BARZ · BLAUBART

OLGA RINNE · DIE GÄNSEMAGD

VIKTOR ZIELEN · HANS IM GLÜCK

RUDOLF MÜLLER · JORINDE UND JORINGEL

ANGELA WAIBLINGER · DORNRÖSCHEN

V. KEYSERLINGK · BRÜDERCHEN UND SCHWESTERCHEN

KREUZ VERLAG

HANS DIECKMANN
UMGANG MIT TRÄUMEN
Buchreihe »Stufen des Lebens«
177 Seiten, kartoniert

Träume verhalten sich zum Bewußtsein wie ein anderes Ich; sie ergänzen, korrigieren, spotten wohl auch einmal und wissen manchmal schon früher, was geschieht, als das Bewußtsein. Wer das Gespräch mit seinen Träumen aufnimmt, hat in ihnen einen wertvollen Partner. Jeder Mensch kann durch das bewußte Erleben und ein gewisses Verstehen seiner Träume sein Leben bereichern.

»In allgemeinverständlicher Sprache wird dem Laien eine Einführung in das Gebiet der Traumdeutung gegeben: wie er die Erinnerungsfähigkeit an seine eigenen Träume steigern kann, welcher Umgang mit Träumen zu empfehlen und wovor zu warnen ist. Man erhält einen Überblick über die Traumdeutung in den modernen psychoanalytischen Schulen, und anhand mehrerer Traumbeispiele wird gezeigt, zu welchen Ergebnissen die Anwendung der einzelnen Theorien führt. Doch der Autor weist nicht nur auf die Bereicherung des menschlichen Lebens durch die Welt der Träume hin, sondern macht ebenso auf die Gefahren aufmerksam, die ein leichtfertiger Umgang haben könnte.« Der niedergelassene Arzt

Kreuz Verlag